AF503758

CATAL UE
DES LIVRES
DE LA
BIBLIOTHEQUE
DE M***.

Dont la Vente se fera à l'amiable, les prix marquez sur chaque Livre, le onze Juillet 1740. dans le Grand Couvent des RR. PP. Augustins, la premiere Cour en entrant par le Quay.

Se distribuë

À PARIS,

Chez { PIERRE GANDOUIN, Quay des Augustins, à la belle Image, ET PIERRE PIGET, Quay des Augustins, à l'Image Saint Jacques.

M. DCC. XL.

CATALOGUE
DE LA
BIBLIOTHEQUE
DE M***.

THEOLOGIA *in-fol.*

BIBLIA SACRA.

Biblia Polyglotta.

N°. 1  Iblia Polyglotta, Franc. Ximenii. *Compluti*, 1514, 15. & 17. 5. *vol. maroq. viol.*

2 Biblia Polyglotta, Philippi II. Hispan. Regis, Curâ Bened. Ariæ Montani. *Antuerpiæ*, *Plantin*, 1569. 8. *vol.*

3 Biblia Polyglotta, Guidonis Michaëlis le Jay. *Parisiis*, *Vitré*, 1645. 10. *vol.*

4 Biblia Polyglotta, Briani Waltoni. *Londini*, 1657. 6. *vol.*

5 Lexicon Heptaglotton, Edmundi Castelli. *Londini*, 1669. 2. *vol.*

6 Hexaplorum Origenis quæ supersunt, à Bernardo de Montfaucon. *Paris.* 1713. 2. *vol.*

7 Biblia Hebraïca, cum Targum, Masora, & comment. Hebr. *Venetiis*, 1548. 5. *vol.*

8 Sacrosancta quatuor Jesu Christi Evangelia Arabicè scripta, Latinè reddita, figurisque ornata. *Romæ*, 1619.

9 Vetus Testamentum juxtà septuaginta, ex auctoritate Sixti V. Græcè editum. *Romæ*, *Francisc. Zannetus*, 1587. 1. *vol.*

10 Novum Testamentum Græcum. *Paris. Ex Typ. Regiâ*, 1642. *maroq.*

11 Novum Testamentum Græcum studio & labore Joan. Millii. *Amst.* 1710.

12 Biblia Sacra. *Impressa Venetiis*, *Nicolaus Janson*, 1476.

13 Biblia Latina. *Paris. Rob. Stephanus*, 1528.

14 Biblia Vulgatæ editionis. *Lugduni*, *Joan. Marechal*, 1532.

15 Biblia Sacra juxtà vulgatam editionem, cum notis Genebrardi. *Paris. Simon. Colinæus*, 1541. *mar.*

16 Vetus & Novum Testamentum ex Hebræo & Græco Latinè translatum à Leone Juda Tigurino. *Tiguri*, 1543. 2. *vol.*

17 Biblia Sacra. *Lugduni*, *Hugo*, 1544.

18 Biblia Latina vulgata à Joanne Benedicto edita. *Paris.* 1549.

19 Biblia, interprete Sebastiano Castalione, cum ejusd. annotationibus. *Basileæ*, *Joan. Oporinus*, 1551.

20 Biblia Sacra vulgata. *Parif. ex Typ. Regiâ*, 1642. 8. *vol. mar.*

21 Biblia Vulgatæ editionis. *Lugduni*, *Petrus Guillemin*, 1692.

22 Biblia Sacra cum Vatabli & variorum notis. Vetus & nova Interpretatio Latina. *Parif.* 1729.

23 Bible tranflatée en François par Robert Olivetan. *Neufchaftel*, 1535.

24 La Sainte Bible traduite en François fur la Vulgate, par René Benoift. *Paris*, 1566.

25 La Sainte Bible en François avec des Annotations. *Lyon*, *Seb. Honorati*, 1566. 2. vol.

26 La Sainte Bible fur la Verfion de Geneve avec des Notes, par Samuel & Henri Defmaretz. *Amfterdam*, *Louis & Daniel Elzevir*, 1669.

27 La Sacra Biblia tradotta in Lingua Italiana da Giovani Diodati. *In Geneva*, 1641.

28 Concordantiæ Bibliorum utriufque Teftamenti, per Robertum Stephanum, ejufque Typis. 1555.

29 Hiftoire du vieux & du nouveau Teftament, par M. de Royaumont, enrichie de plus de 400. figures en taille-douce. *Anvers*, *Mortier*, 1700. 2. *vol. mar.*

CRITICI S. SCRIPTURÆ.

30 Geographia Sacra, à Samuele Bochardo. *Cadomi*, 1646.

31 Idem de animalibus Sacræ Scripturæ. *Londini*, 1663. 2. *vol.*

32 Geographia Sacra, auctore Nicolao Sanson. *Parif. Mariette.* 1665.

33 Jacobi Bonfrerii Onomasticon Urbium & Locorum sanctorum, ex recensione Joannis Clerici, *Amstelodami*, 1707.

34 De Tabernaculo Fœderis, autore Bernardo Lamy. *Parif.* 1720.

35 P. Galatini de Arcanis Catholicæ veritatis Libri XII. accedit Joannis Reuchelini de Cabala seu Simbolicâ receptione Dialogus. *Ffurti*, 1603.

36 Bibliotheca sancta Sixti Senensis. *Lugduni*, 1575.

37 Critici Sacri. *Amstelodami*, 1698. 9. *vol.*

38 Thesaurus Théologico-Philologicus. *Amstelodami*, 1702. 2. *vol.*

39 Ludovici Capelli Commentarii ac Notæ Criticæ in vetus Testamentum. *Amstelodami*, 1689.

INTERPRETES IN S. SCRIPTURAM.

40 Mischna, sivè totius Hebræorum Juris, Rituum, Antiquitatum, ac Legum Sistema, cum interpretatione ac notis Guill. Surenhusii. *Amstelodami*, 1698. 6. *vol.*

41 Florilegium Biblicum & Rabbinicum Heb. & Græc. cum versione Latinâ, auctore Joan. de Plantavit de la Pause, Lodovensi Episcopo. *Lodovæ*, 1645. 2. *vol.*

42 Ejusdem Thesaurus Synonimicus, Hæbræo, Chaldano-Rabbinicus. 1644.

43 Expositio Patrum Græcorum in Psalmos, à Balthasare Corderio, Soc. Jes. *Antuerpiæ*, *ex off. Plantin*, 1643. 3. *vol.*

44 Philonis Judæi opera. *Parif.* 1645.

45 Euthymii Monachi Zigaboni Commentarii in omnes Psalmos. *Venetiæ*, *ex off. Valgrisiana*, 1568.

46 In Psalterium Davidis Commentarii Joan. Bapt. Folengii Mantuani Monachi Cassinatis. *Basileæ*, 1549.

47 Explanatio Bellarmini in Psalmos. *Col. Agrippinæ*, *Gualterius*, 1617.

48 Theophilacti Archiepiscopi Bulgariæ, commentarii in quatuor Evangelia. *Lutetiæ*, 1631.

49 Alfonsi Salmeronis Toletani è Soc. Jes. commentaría in Evangelicam Historiam, & in Acta Apostolorum. *Col. Agrippinæ*, 1612. 8. *vol.*

50 Cornelii Jansenii, Episcopi Gandavensis, commentaria in suàm concordiam, ac totam Historiam Evangelicam. *Antuerpiæ*, 1613.

51 Oecumenii & Arethæ Commentaria in Acta Apostolorum, in Divi Pauli Epistolas Catholicas omnes & in Apocalipsim. *Lutetiæ*, 1630.

52 Theophilacti Archiepiscopi Bulgariæ, in Divi Pauli Epistolas commentarii. Curâ August. Lindselli. *Londini*, *Typ. Regiis*, 1636.

53 Ambrosii Ansberti in Apocalipsim. Libri decem. *Coloniæ*, 1536.

54 Explication de toute la Bible selon le Sens Litteral, par Marc de Berulle de l'Ordre des Freres Mineurs. *Paris*, *Couterot*, 1682. 3. *vol.*

55 Discours Historiques, Critiques, Théologiques & Moraux de M. Saurin, sur l'Ancien & le Nouveau Testament, avec figures. *A la Haye*, 1728. *& suiv.* 4. *vol. papier super-Royal.*

56 Hugonis Grotii opera omnia. *Londini*, *Pist.* 1679. 4. *vol.*

57 Danielis Brenii breves in vetus ac novum Testamentum annotationes. *Amstelodami*, 1664.

58 Le Livre des Pseaumes, exposé par Jean Calvin. *Geneve*, 1558.

59 Joan. Oecolampadii in Isaiam Prophetam Commentarii. *Genevæ*, 1558.

60 Joannis Calvini prælectiones in Librum Prophetiarum Danielis, Joannis Budæi & Caroli Jonvillæi labore & industriâ exceptæ. *Genevæ*, 1561.

61 Joannis Lightfooti opera omnia. *Ultrajecti*, 1699. 2. *vol.*

62 In omnes Pauli Apostoli Epistolas, & Epistolas Catholicas, Joannis Calvini Commentarii. *Rob. Stephanus*, 1556.

LITURGICI.

63 Ceremoniale Episcoporum jussu Clementis Octavi reformatum. *Paris. apud Societatem*, 1633. *maroq. r.*

64 Pontificale Romanum Urbani VIII. auctoritate recognitum. *Paris. apud Societatem*, 1664.

65 Missale Ecclesiæ Rothomagensis auctoritate D. D. de la Vergne de Tressan, editum. *Rothomagi*, *Jore. mar.*

66 Missale Sanctæ Ecclesiæ Meldensis, Domini Henrici de Thyard de Bissy Episc. auctoritate editum. *Lutetiæ*, 1709. *mar.*

67 Missale Sanctæ Ecclesiæ Trecensis, D. D. Jacobi Benigni Bossuet auctoritate editum. *Trecis*, 1736.

68 Breviarium Pariense D. Joan. Francisci de Gondy, Parisiensis Archiepiscopi, ac ejusd. Ecclesiæ Capituli consensu editum. *Paris. Cramoisy*, 1640. *mar.*

SANCTI PATRES ET SCRIPTORES ECCLESIASTICI.

Collectiones seu Bibliothecæ Patrum.

69 Sanctorum Patrum Ecclesiæ Primitivæ opera. *Lugduni*, 1652.

70 Sanctorum Patrum Ecclesiæ Primitivæ, ex editione Joan. B. Cottelerii, cum recensione & notis Joannis Clerici. *Amstelodami*, 1724. 2. *vol.*

71 Bibliotheca Orientalis Clementino Vaticana, à Josepho Simonio Assimano Syro Maronita. *Romæ*, 1719.

72 Bibliotheca veterum Patrum, Græc. Lat. *Paris.* 1624. 3. *vol.*

73 Bibliothecæ Græcorum Patrum auctuarium novissimum, à Franc. Combesis. *Paris.* 1672. 3. *vol.*

74 Bibliotheca maxima veterum Patrum & antiquorum Ecclesiasticorum Scriptorum. *Lugduni, apud Anissonios*, 1677. 28. *vol. carta magna.*

75 Apparatus ad Bibliothecam Maximam veterum Patrum & antiquorum Scriptorum Ecclesiasticorum, per Nicolaum le Nourry Benedict. *Paris.* 1703. 2. *vol.*

77 Bibliotheca Præmontratensis Ordinis, per Joan. le Paige. *Paris.* 1633.

78 Jacobi Sirmundi Soc. Jes. opera varia. *Parisiis, Typ. Regiâ*, 1696. 5. *vol.*

79 Spicilegium sive collectio veterum Scriptorum, studio D. Lucæ d'Achery, edit. nova, per Lud. Joseph. de la Barre edita. *Paris.* 1723. 3. *vol.*

80 Vetera Analecta, sive collectio veterum aliquot operum & opusculorum omnis generis, cum itinere Germanico, R. P. D. Mabillon. *Paris.* 1723.

81 Thesaurus monumentorum Ecclesiasticorum, & Historicorum sivè Henrici Canisii Lectiones antiquæ, à Jac. Banage. *Antuerpiæ*, 1720. 4. *vol.*

82 Thesaurus veterum Anecdotorum, studio & opera Edmundi Martene & Ursini Durand Benedict. *Paris.* 1517. 5. *vol.*

83 Veterum Scriptorum & monumentorum Historicorum, Dogmaticorum, & Moralium, am-

plissima collectio, studio & opera Edmundi Martene. *Paris.* 1724. 3. *vol.*

SS. Patres Græci.

84 Opera Sancti Dionisii Areopagitæ, cum notis Corderii. *Antuerpiæ*, 1634. 2. *vol.*

85 Sancti Justini Philosophi & Martyris opera Græco-Latina. *Lutetiæ*, 1615.

86 D. Irenæi adversus Hæreses. *Paris.* 1576.

87 Sancti Irenæi opera, studio Renati Massuet Benedictini edita, cum annotationibus variorum. *Paris.* 1710.

88 Clementis Alexandrini opera Græcè, cum diversis lectionibus & emendationibus. *Commelin*, 1592.

89 Clementis Alexandrini opera Græcè & Latinè, ex recensione Danielis Heinsii. *Lutetiæ*, 1629.

90 Clementis Alexandrini opera quæ extant, recognita & illustrata per Joannem Potterum. *Oxonii*, 1715. 2. *vol.*

91 Origenis in Sacras Scripturas Commentaria quæcumque Græci reperiri potuerunt, Gr. Lat. per Danielem Huetium. *Rothomagi*, 1668. 2. *vol.*

92 Sanctorum Patrum Gregorii Thaumaturgi Macarii Ægyptii & Basilii Seleuciæ opera omnia quæ reperiri potuerunt, nunc primùm Græcè & Latinè conjunctim edita. *Paris.* 1622.

93 Sancti Methodii Episcopi & Martiris convivium Virginum Græco-Latinum, à P. Possino, Soc. Jes. editum. *Paris. Typ. Reg.* 1657.

94 Eusebii Pamphilii Cæsareæ & Palestinæ Episcopi præparatio & demonstratio Evangelica Græcè & Latinè, operâ Fr. Vigeri, Soc. Jes. *Paris.* 1628. 2. *vol.*

95 Sanctus Ephrem Syrus Græcè è Codicibus manuscriptis Bodleianis.

96 Idem, interprete Gerardo Vossio. *Coloniæ*, 1603.

97 Ejusdem opera omnia Græcè, Syriacè & Latinè. *Romæ*, 1737. 2. *vol.*

98 Sancti Athanasii opera omnia Græcè & Latinè; opera & studio Monachorum Ordinis Sancti Bened. *Paris.* 1698. 3. *vol.*

99 Collectio Patrum Græcorum Eusebii Cæsariensis, Athanasii, & Cosmæ Ægypti, Gr. Lat. cum notis D. Bern. de Montfaucon. *Paris.* 1706. 2. *vol.*

100 Sancti Basilii opera omnia, studio Juliani Garnier, Benedictini. *Paris.* 1721. 3. *vol.*

101 Sancti Gregorii Nazianzeni opera Græcè & Latinè, ex interpretatione Jacobi Billii. *Paris.* 1630. 2. *vol.*

102 Sancti Gregorii Episcopi Nisseni opera Græco-Latina. *Paris.* 1638. 3. *vol.*

103 Sanct. Patrum Amphilochii Iconiensis, Methodii Pataviensis & Andreæ Cretensis opera, studio Franc. Combefis. *Paris. Sim. Piget*, 1644.

104 Sancti Joannis Chrysostomi opera omnia Græcè & Latinè conjunctim edita à Frontone Ducæo *Paris.* 1636. 11. *vol.*

104 * Eadem, Gr. Lat. ex editione D. Bern. de Montfaucon. *Paris.* 1718. 13. *vol. C. M.*

105 Sancti Isidori Pelusiotæ opera omnia Græco-Latina. *Paris.* 1638.

106 Sancti Cyrilli Archiep. Hierosolimitani opera Græco-Latina, cum novâ interpretatione & notis Ant. Augustini Touttè Benedictini. *Paris.* 1720.

107 Sancti Cyrilli Alexandrini Archiepiscopi Sermones triginta Paschales Græcè & Latinè. *Antuerpiæ*, 1618.

108 Sancti Joannis Climaci opera omnia Græco-Latina, interprete Math. Radero, Soc. Jesu. *Lutetiæ*, 1633.

109 Sancti Joann. Damasceni Monachi opera, studio P. Michaelis le Quien, Ord. FF. Præd. *Paris.* 1712. 2. *vol.*

Sancti Patres Latini.

110 Tertuliani opera, studio Nicolai Rigaltii. *Parisiis*, 1664.

111 Sancti Cypriani opera, cum annotationibus Jacobi Pamelii. *Paris.* 1604.

112 Eadem, studio Stephani Baluzii. *Paris. Typ. Reg.* 1726.

113 Arnobii Disputationum adversus gentes, libri septem, cum observationibus & ex recensione Elmenorstii. *Hamburgi*, 1590.

114 Lactantii opera. *Venetiis*, 1478.

115 Ejusdem Lactantii Firmiani opera omnia, cum Commentariis Xisti Betuleii. *Basileæ*, 1563.

116 Sancti Optati Afri, Milevitani Episcopi, opera, studio Lud. Ellies du Pin. *Lutetiæ*, 1700. *mar. r.*

117 Sancti Ambrosii Mediolanensis Episcopi opera, studio Monachorum Ordinis Sancti Benedicti *Parisiis*, 1686. 2. *vol.*

118 Divi Ambrosii Milleloquium, Fratre Bartholomæo Urbinate Episcopo auctore. *Lugduni*, 1556.

119 Sancti Hieronimi opera, studio Monachorum Ord. Sancti Benedicti. *Paris.* 1693. 5. *vol.*

120 Confessio Hieronimiana, operâ & studio Cornelii Schultingii Steinwichii. *Col. Agrip.* 1685.

121 Sancti Augustini Hypponensis Episcopi opera, studio Monachorum Ord. Sancti Benedicti. *Parisiis*, 1679. 8. *vol.*

122 Confessio Augustiniana, studio Hieronimi Torrensis, Soc. Jesu. *Dilingæ*, 1569.

123 Joannis Cassiani opera omnia, cum Commentariis D. Alardi Gazæi. *Paris.* 1642.

124 Marii Mercatoris opera, studio Joan. Garnerii, Soc. Jesu. *Parisiis*, 1673.

125 Sancti Prosperi opera omnia. *Paris.* 1711.

126 Salvianus de vero judicio & Providentiâ Dei, *Romæ*, *Paulus Manutius*, 1564.

127 Magni Aurelii Cassiodori opera omnia, studio J. Garretii Benedictini. *Rothomagi*, 1679.

128 Sancti Gregorii magni opera, Sixti V. jussu emendata atque aucta. *Romæ*, 1558. 4. *vol.*

129 Sancti Gregorii Papæ I. cognomento magni, opera omnia, studio & Labore Monachorum Ord. S. Bened. è Cong. Sancti Mauri. *Paris.* 1705. 4. *vol.*

130 Sancti Isidori Hispalensis Episcopi opera omnia, à Jacobo Dubreüil edita. *Paris.* 1601.

131 Venerabilis Bedæ opera. *Col. Agrip.* 1698. 4. *vol.*

132 Hincmari Archiepiscopi Remensis opera, curâ & studio J. Sirmundi, Soc. Jesu in lucem edita. *Paris.* 1645. 2. *vol.*

133 B. Lanfranci opera omnia quæ reperiri potuerunt, à Lucâ Dacherio Benedictino. *Lutetiæ*, 1648.

134 B. Petri Damiani Cardinalis Episcopi Ostiensis opera omnia, collecta ac argumentis & notationibus illustrata, à Constantino Cajetano Syracusano. *Paris.* 1664.

135 Venerabilis Hildeberti opera, studio & labore

Antonii Beaugendre Benedict. *Paris.* 1708.
136 Sancti Anselmi Archiepiscopi Cantuariensis Theologia, auctore Josepho Saenz de Aguirre Benedictino. *Romæ*, 1688. 3. *vol.*
137 Sancti Brunonis Carthusianorum Patriarchæ opera omnia, studio Theodori Petrei recensita. *Coloniæ*, 1611. 2. *vol.*
138 D. Ruperti opera. *Paris.* 1638. 2. *vol.*
139 Sancti Bernardi opera omnia, à D. Joan. Mabillon Benedictino. *Paris.* 1690. 2. *vol.*

Auctores Ecclesiastici & Pii.

140 M. Hugonis & Richardi de Sancto Victore opera omnia. *Rothomagi*, 1648. 4. *vol.*
142 Clementis XI. Homiliæ in Evangelia. *Romæ*, 1722.
143 Clementis XI. Orationes Consistoriales. *Romæ*, 1722.
144 Imitatio Christi. *Paris. Typ. Reg.* 1640.
145 Introducion del Simbolo de la Fé, por el Padre Luys de Grenada del Orden de Sancto Dominico. *En Girona*, 1620.
146 Doctrina Christiana, y memorial de la Vida Christiana, por Luys de Grenada. *En Girona*, 1622.
147 Monarquia Mistica de la Iglisia, por el Padre Lorenço de Zamora de la Orden de San Bernardo. *En Madrid*, 1617.

Theologi Scholaſtici & Morales.

148 Inſtitutiones Catholicæ in modum Catecheſeos, auctore Franciſco Amato Pouget. *Pariſiis*, 1725. 2. *vol.*

149 Guillelmi Alverni opera omnia. *Rothomagi*, 1674. 2. *vol.*

150 Divi Thomæ Aquinatis, Doctoris Angelici opera omnia. *Venetiis*, 1594. 13. *vol.*

151 Secunda ſecundæ partis Summæ Theologiæ Sancti Thomæ Aquinatis, à Thomâ à Vio Cajetano Cardinali illuſtrata. *Lugduni*, 1558. 2. *vol.*

152 Summa Theologiæ Sancti Thomæ, cum notis Hiſtoricis & Dogmaticis. *Pariſ.* 1663.

153 Gregorii de Valentia Soc. Jeſu, Commentarii Theologici in D. Thomam. *Ingolſtadii*, 1592. 4. *vol.*

154 Dionyſii Petavii è Soc. Jeſu Theologica Dogmata. *Lutetiæ*, 1644. 5. *vol.* *C. M.*

155 Legatio Philippi III. & Philippi IV. Hiſpaniæ Regum ad ſummos Pontifices Paulum V. & Gregorium XV. de definiendâ controverſiâ Immaculatæ Conceptionis B. Virginis Mariæ, per Antonium à Trejo Epiſcopum, auctore Fr. Lucâ Wadding. *Lovanii*, 1624.

156 Joannis Marini Oconenſis Soc. Jeſu, Theologia Speculativa & Moralis. *Venetiis*, 1720. 3. *vol.*

157 Huetii Epiſcopi Abricenſis Demonſtratio Evangelica, tertia edit. *Pariſ.* 1690.

158 Morinus de Pœnitentiâ. *Pariſ.* 1651.

159 Summa Sancti Raymundi de Penafort de Pœnitentiâ & Matrimonio, cum Gloſſis Jo. de Fri-

burgo & Statutis Hospitalis Hierusalem. *Romæ*, 1603.

160 Sancti Raymundi de Penafort Summa, Textu Sacrorum Canonum aucta & completata, operâ & studiis Honorati Vincentii Caget. *Parisiis*, 1720.

161 T. Sanchez Soc. Jes. de Matrimonio. *Antuerpiæ*, 1626.

162 Commentarius Historicus & Dogmaticus de Sacramentis in genere & specie, auctore Garpare Juenin. *Lugduni*, *Anisson*, 1696. 2. *vol. mar. r.*

163 Historia Congregationum de Auxiliis, auctore Aug. le Blanc. *Lovanii.*

164 Historia Gotteschalci Prædestinatiani, cum appendice, auctore Lud. Cellotio Soc. Jesu. *Paris.* 1655.

165 Cornelii Jansenii Episcopi Iprensis Augustinus. *Rothomagi*, 1643.

166 Rélation des Délibérations du Clergé de France sur la Constitution, & le Bref d'Innocent X. *Paris.* 1650.

167 S. D. N. Clementis XI. Constitutio Unigenitus Theologicè propugnata, cum Synopsi, auctore Christophoro Jacobs Paderbon. *Coloniæ*, 1717. 2. *vol.*

168 Summa Venerabilis Bertholomæi Pisani de Casibus ad conscientiam pertinentibus. *Parisiis*, 1470.

170 Francisci Bordoni Theologi Ord. Sancti Francisci propugnaculum opinionis probabilis in concursu probabilioris. *Lugduni*, 1669.

171 Ethica Amoris sivè Theologia Sanctorum, circà universam amoris & morum doctrinam. *Leodii*, 1709. 3. *vol.*

172 Sancti Francisci Assisiatis minorum Patriarchæ,

nec non Sancti Antonii Paduani ejusdem Ordinis opera omnia, studio & labore R. P. Joan. de la Haye. *Lugduni*, 1653.

173 Revelationes Sanctæ Brigittæ. *Col. Agrip.* 1628.

Polemici singulares tàm Orthodoxi quam Heterodoxi.

174 Summa Domini Armacani adversus Armenos. *Parisiis*, 1522.

175 Defensio Fidei Catholicæ adversus errores Anglicanæ Sectæ, auctore Fr. Suarez. *Col. Agrip.* 1614.

176 Bellarmini Controversiæ. *Col. Agrip.* 1615. 3. *vol.*

177 Réplique à la Réponse du Roi de la Grande-Bretagne, par M. le Cardinal du Perron, Arc. de Sens. *Paris*, *Estienne*, 1620.

178 Les Oeuvres de M. le Cardinal du Perron. *Paris*, 1621.

179 Traité du S. Sacrement de l'Eucharistie, contenant la Réfutation du Livre du Sieur Duplessis Mornay contre la Messe, par Mr. le Cardinal du Perron. *Paris*, 1629.

180 Claudii de Saintes de Rebus Eucharistiæ controversis repetitiones. *Paris.* 1575.

181 Pro sacra Monarchiâ Ecclesiæ Cath. Apost. & Rom. adversus Rempublicam Marii Antonii de Dominis, libri quatuor; auctore N. Coiffeteau, Episc. Massiliensi. *Paris.* 1623.

182 Institution Catholique, par Gilbert Coiffier. *Paris*, 1610.

182 Traité qui contient la Méthode la plus facile & la plus assurée pour convertir ceux qui se sont sé-

parés de l'Eglise, par M. le Cardinal de Richelieu. *Paris*, 1650.

184 Examen præfationis monitoriæ Jacobi I. magnæ Britanniæ Regis, à Fr. Leonardo Coquæo Aurelio Eremitâ Augustiniano. *Friburgi*, 1610.

185 Tractatus generales de Controversiis Fidei, per Adrianum & Petrum de Walemburch. *Col. Agrip.* 1670. 2. *vol.*

186 Conradi Bruni opera. *Moguntiæ*, 1548.

187 Joannis Hus & Hieronymi Pragensis Historia & Monumenta. *Noribergæ*, 1558. 2. *vol.*

188 Confessio Lutheri, & Doctrina Saxoniæ, per Philippum Melanchtonem. 1560.

189 Francisci Gomari Brugensis opera Theologica omnia. *Amstelodami*, 1644. 3. *vol.*

190 Opera D. Huldrychi Zuinglii Tigurinæ Ecclesiæ Antistitis, *Tiguri*, 1581. 3. *vol.*

191 Sermons de Jean Calvin sur le Livre de Job. *Geneve*, 1563.

192 Petri Martyris Loci communes. *Londini*, 1576.

193 Acta Synodi Nationalis Dordrechti habitæ, ann. 1618. & 1619. *Lugd. Bat. Elzevir*, 1640.

194 Jacobi magnæ Britanniæ Regis opera. *Londini*, 1619.

195 Vindiciæ Ecclesiæ Anglicanæ, auctore Fr. Masono. *Londini*, 1638.

196 Misterium iniquitatis, seu Historia Papatûs, auctore Philip. Mornao Plessiascu. *Salemorii*, 1611.

197 De Republica Ecclesiastica, auctore Marco Ant. de Dominis. *Londini*, 1617. 3. *vol.*

198 De Eucharistiæ, sivè Cœnæ Dominicæ Sacramento, auctore Edmundo Albertino. *Daventriæ*, 1654.

199 Bibliotheca Fratrum Polonorum. *Irenopoli*, 1690. 9. *vol.*

200 Stephani Curcellæi opera Theologica. *Amstelodami*, 1675.

201 Simonis Episcopii opera Theologica. *Goudæ*, 1663. 2. *vol.*

JURISPRUDENTIA *in-folio.*

CONCILIA.

202 Canones Sanctorum Apostolorum, cum Commentariis Theodori Balsamonis Græcè & Latinè. *Parisiis*, *Typis Regiis*, 1620.

203 Jo. Zonaræ Monachi in Canones Apostolorum & Sanctorum Conciliorum Commentarii Græco-Latini. *Paris. Typ. Reg.* 1618.

204 Pandectæ Canonum & Conciliorum ab Ecclesiâ Græca receptorum, per Guill. Beveregium. *Oxonii*, 1672. 2. *vol.*

205 Concilia Generalia & Provincialia Græc. Lat. ex editione Binii. *Paris.* 1636. 10. *vol.*

206 Sacrosancta Concilia, studio Philippi Labbæi & Gab. Cossartii, Soc. Jesu, cum duplici apparatu. *Lutetiæ, è Typ. Reg.* 1671. 18. *v. C. M. m. r.*

207 Nova Collectio Conciliorum, per Steph. Baluzium. *Paris.* 1683. *mar. r.*

208 Conciliorum Collectio Regiâ maxima, à Joan. Harduino, Soc. Jesu. *Paris. ex Typ. Reg.* 1715. 12. *vol. C. M. mar. r.*

209 Concilium Illiberitanum in Hispania celebratum. *Lugduni*, 1665.

210 Concilium Florentinum Oecumenicum Græcè. *Romæ*, 1577.

211 Acta Sacri Oecumenici Concilii Florentini ab Horatio Justiniano Collecta. *Romæ*, 1638.

212 Historia Concilii Florentini Gr. & Lat. *Hagæ-Comitis*, 1660.

213 Sacrum Lateranense Concilium novissimum, sub Julio II. & Leone X. celebratum. *Romæ*, 1521.

214 Historia del Concilio di Tridentino del Padre Pallavicino. *In Roma*, 1656. 2. *vol. mar. r.*

215 Examen Concilii Tridentini, per Martinum Kemnitium scriptum. 1614.

216 Acta Ecclesiæ Mediolanensis. *Mediolani*, 1599. 2. *vol.*

217 Synodus Ecclesiæ Bononiensis. *Bononiæ*, 1699.

218 Synodicon S. Beneventanensis Ecclesiæ. *Beneventi*, 1695.

219 Synodicum Diœcesanum Sanctæ Beneventanæ Ecclesiæ. *Beneventi*, 1723.

220 Concilia Antiqua Galliæ, operâ & studio Jac. Sirmondi, Soc. Jesu. *Paris.* 1629. 3. *vol.*

221 Conciliorum Antiquorum Galliæ, à Jacobo Sirmondo, Soc. Jesu, editorum Supplementa, operâ & studio Petri de la Lande. *Lutetiæ*, 1666.

222 Concilia Rotomagensis Provinciæ, edita per Guill. Bessin Benedictinum. *Rotomagi*, 1717.

223 Bibliotheca Pontificia magna, per Jo. Thomam de Rochaberti. *Romæ*, 1698. 21. *vol.*

224 Epistolæ Romanorum Pontificum, cum dissertationibus & notis criticis, editæ à Petro Coustant Benedictino. *Paris.* 1721.

225 Innocentii tertii Pont. Max. Epistolarum libri quatuor, cum notis Franc. Bosqueti. *Tolosæ*, 1635.

226 Innocentii tertii Pont. Max. Epistolarum libri XI. per Steph. Baluzium. *Paris.* 1682. 2. *vol.*

227 Procez-Verbaux des Assemblées générales du Clergé de France des années 1635. 45. 65. 75. 80. 85. 90. 93. 1700. 01. 05. 13. 25. 26. 30. 17. *vol.*

228 Nouveau Recueil des Mémoires du Clergé, par M. le Merre. Les tom. 8. & 9. *Paris.* 1721. 2. *vol.*

JUS CANONICUM.

229 Loci Commmnes ex Decretorum libris, auctore Buchardo Wormaciensi. *Coloniæ Agrip.* 1560.

230 Decretum D. Ivonis Episcopi Carnutensis, curâ & studio Joan. Molinæi. *Lovanii*, 1561.

231 D. Ivonis Carnutensis Episc. opera omnia. *Paris.* 1647.

232 Antonii Augustini Archiep. Tarraconensis Juris Pontificii veteris Epitome. *Paris.* 1641. 1. *vol.*

233 Antonii Augustini antiquæ Decretalium Collectiones, per Aubertum Miræum. *Paris.* 1621.

234 Collectiones antiquæ Decretalium, cum notis A. Augustini, & scholiis J. Teutonici. *Ilerdæ*, 1576.

235 Corpus Juris Canonici. *Romæ*, 1582. 3. *vol.*

236 Repertorium Antonii Corsetti. *Lugduni*, 1505.

237 Summa Card. Hostiensis in Decretales. *Paris.* 1511. 2. *vol.*

238 J. à Turrecrementa comm. in Decretum. *Lugd.* 1519. 3. *vol.*

239 Didaci Covarruvias opera omnia, cum notis Theoricis & Practicis Jo. Uffel. *Antuerpiæ*, 1610.

240 Nicolai de Tudeschis Commentarii superdecretalibus. 1539. 3. *vol.*

241 Repertorium Commentariorum Panormitani. 1539.

242 Philippus Decius superdecretalibus. *Lugduni*, 1551.

243 Melchioris Kling in præcipuos libri Decreta-

lium Titulos Commentarii. *Francofurti* , 1550.

244 Commentaria Sandei in Decretalium libros cum adnotationibus. *Basileæ* , 1567. 2. *vol.*

245 Innocentii IV. Pont. Max. in quinque libros Decretalium Commentaria. *Venetiis* , 1570.

246 Henrici Boich in quinque Decretalium libros Commentaria. *Venetiis* , 1576.

247 Prosperi Fagnani Comm. in Decretales. *Coloniæ*, 1704. 3. *vol.*

248 Petri de Anchorano in libros Decretalium Commentaria. *Bononiæ* , 1581. 4. *vol.*

249 Anastasii Germonis Paratilla in libros quinque Decretalium Gregorii Papæ IX. *Augustæ* , *Taurinorum* , 1586.

250 Decretorum tam veterum , quam Rescentiorum in libros Decretalium Commentarii. *Venetiis* , 1588.

251 Innocentii Cironii opera in Jus Canonicum. *Tolosæ* , 1645.

252 Jo. Dartis opera canonica. *Paris.* 1656.

253 Alteserra in Decretales Innocentii tertii Pont. Max. *Paris.* 1666.

254 Juris Pontificii atque Cæsarei interpretis Petri de Anchorano in Sextum Decretalium librum Commentaria. *Lugd.* 1527.

255 Gonsalez Commentaria perpetua in Decretales Gregorii IX. cum notis. *Lugduni* , 1673. 4. *vol.*

256 Commentaria Jo. Majoretti in libros quatuor , institutionum Juris Canonici Joannis Pauli Lanceloti Perusini. *Tolosæ* , 1676.

257 Jo. Andreæ in sex decretalium libros nova Commentaria , cum annotationibus. *Venetiis* , 1681. 5. *vol.*

258 Miscellanea decisionum , seu resolutionum Juris tam civilis , quam Canonici ad usum forensem accommodata , auctore Steph. Bauchino ,

cum notis & dissertationibus Philipp. Bornerii. *Genevæ*, 1709.

259 Melchioris Pastoris Juris Canonici opera omnia. *Tolosæ*, 1712.

260 Glossa Aurea, Jo. Monachi Card. super sexto Decretalium libro, cum additionibus Philip. Probi. *Paris.* 1535.

261 Henrici à Segusio Card. Hostiensis Aurea summa. *Venetiis*. 1605.

262 Tractatus de Ritu nuptiarum, auctore Fr. Molino. *Barcinonæ*, 1617.

263 Praxis disputationum Apostolicorum ex stilo R. Curiæ excerpta, auctore Pirrho Corrado à Terra nova. *Neapoli*, 1641.

264 Praxis Jejunii Ecclesiastici naturalis, auctore Zacharia Pasqualigo Theatino. *Genevæ*, 1655.

265 Tractatus de Jure personarum extra Ecclesiæ Gremium existentium, cum altero tractatu de Neophitis, auctore Ant. Rivivillo Roblanense. *Romæ*, 1622.

266 Magnum Bullarium Romanum. *Lugd.* 1673. 5. *vol.*

267 Clementis XI. Bullarium. *Romæ*, 1723.

268 Commentatio ad Regulam octavam Concellariæ de Reservatione mensium, & alternativa Episcoporum, per Hieron. Gonsalez. *Romæ*, 1604.

269 Onuphrii Panvinii Veronensis Fratris Eremitæ Augustiniani, de primatu Petri & Apostolicæ Sedis potestate libri tres contra Centuriarum auctores. *Veronæ*, 1589.

270 Claudii Salmatii Librorum de primatu Papæ pars prima cum apparatu, accessere de eodem primatu Nili & Barlaami Tractatus. *Lugd. Bat. ex off. Elzevir*, 1645.

271 Melchioris Lotterii à S. Daminiano de Monte Ferrato de re beneficiaria liber. *Paris.* 1700.

272 De Jurisdictione, auctoritate & præeminentia Imperiali ac potestate Ecclesiasticâ. *Basileæ.*

273 Augustini Barbosæ Tractatus de officiis & potestate Episcopi, &c. *Lugduni*, 1679.

274 Fasciculus Rerum expetendarum & fugiendarum, studio Eduardi Brown. *Londini*, 1690. 2. *vol.*

275 Praxis Beneficiorum Petri Rebuffi. *Parisiis*, 1664.

276 Petri Marcellini Corradini Tractatus de Jure prælationis, cum sacræ Rotæ Romanæ decisionibus recentissimis. *Genevæ*, 1717.

277 Archiepiscopale Bononiense, sivè de Bononiensis Ecclesiæ administratione, auctore Gabriele Palæoto Cardinali. *Romæ*, 1594.

278 Traité des Droits & Libertés de l'Eglise Gallicane, par M. Pithou. *Paris*, 1609. 2. *vol.*

279 Etat des Eglises Cathédrales & Collégiales, par M. de Bordenave. *Paris*, 1643.

280 Fr. Suarez, de Censuris. *Lugduni*, 1604.

281 Requête au Roy pour l'Archevêque de Roüen au sujet de la Primatie de Lyon.

282 Mémoire contre la Jurisdiction Réguliere & Monastique que Mr. le Cardinal de Boüillon, Abbé Commendataire de Cluny, prétend exercer sur tous les Monasteres & Religieux de l'Ordre de Cluny. *Paris*, 1707.

283 Deffense de la Justice de la Souveraineté du Roy, de la Sentence du Souverain Conseil de Braban, & du Droit des Ecclésiastiques dans la Cause de M. Guillaume de Vandenesse, Pasteur de Sainte Catherine de Bruxelles, contre Mr. l'Archevêque de Malines. 1708.

284 Paraphrase du Commentaire de Dumoulin sur les Régles de la Chancellerie Romaine, par M. Perard Castel, Avocat. *Paris*, 1685.

285 Nouveau Recueil de plusieurs Questions notables sur les matieres Beneficiales, par M. Perard Castel. *Paris*, 2. *vol.*

JUS CIVILE.

286 Imperatorum Justiniani, Justini Leonis Novellæ, Constitutiones Justiniani, &c. *Augustæ, Vindelicorum*, 1558.

287 Carolius Sigonius de antiqua Jure Civium Romanorum & de Republicâ Atheniensium. *Parisi.* 1576.

288 Guillelmi Budæi Forensia, & annotationes in pandectas. *Paris. Rob. Stephanus*, 1548.

289 Petri & Francisci Pithœi observationes ad codicem & novellas Justiniani. *Parisiis, ex Typ. Reg.* 1689.

290 Joannis Seldeni de Jure Naturali & Gentium juxta disciplinam Hebræorum libri septem. *Londini*, 1640.

291 Leges Salicæ illustratæ, auctore Gotofredo Vendelino. *Antuerpiæ*, 1649.

292 Traité des Donations entrevifs & testamentaires, par Ricard. *Paris*, 1692. 2. *vol.*

293 Traité de la Communauté des Biens entre l'Homme & la Femme conjoints par mariage, par Philippes de Renusson. *Paris*, 1669.

294 Traité de la Communauté entre Mari & Femme; avec un Traité de Communautés tacites, par Denis Lebrun. *Paris*, 1709.

295 Traité des Successions, par M. Denis Lebrun. *Paris*, 1714.

296 Dictionnaire des Arrêts, ou Jurisprudence universelle des Parlemens de France & autres Tribunaux, par J. Brillon. *Paris*, 1711. 3. *vol.*

297 Recueil général des Edits, Arrêts & Régle-

mens notables, par M. J. Filleau. *Paris*, 1631. 2. *vol.*

298 Recueil d'Arrêts du Parlement de Paris, par Pierre Bardet, avec les Notes & Dissertations de Claude Berroyer. *Paris*, 1696. 2. *vol.*

299 Recueil d'Arrêts notables du Parlement de Paris, par Georges Louet, recueillis par Brodeau. *Paris*, 1712. 2. *vol.*

300 Journal du Palais, ou Recueil des principales décisions de toutes les Cours Souveraines de France, depuis 1660. jusqu'en 1700. par Claude Blondeau, & Gab. Gueret. *Paris*, 1712. 2. *vol.*

301 Journal des principales Audiences du Parlement de Paris, depuis 1623. jusqu'en 1701. par Jean Dufresne, & augmenté par Nicolas Nupied. *Paris*, 1665. 5. *vol.*

302 Arrêts notables du Parlement de Provence, par Hyacinthe Boniface. *Lyon*, 1708. 5. *vol.*

303 Questions notables de Droit, décidées par plusieurs Arrêts du Parlement, recueillis par M. Cl. le Prestre, par M. G. Gueret. *Paris*. 1679.

304 Coûtumes générales & particulieres de France & des Gaules, avec des Annotations, par Ch. du Moulin, augmentées par Gab. Michel. *Paris*, 1615. 2. *vol.*

305 La Coûtume reformée de Normandie, commentée par Henry Basnage. *Roüen*, 1694. 2. *vol.*

306 Les Coûtumes d'Angoumois, Aunis & la Rochelle, avec les Commentaires des sieurs Vigier & Pigornet. *Angoulême*, 1720. *mar. r.*

307 Recueil général des Titres concernant les fonctions, rangs, dignités, sceances & privileges des Charges des Présidens-Tresoriers de France, Généraux des Finances, & Grands-Voyers des Généralitez du Royaume, par Simon Fornival. *Paris*, 1672.

308 Caroli Molinæi opera omnia quæ extant. *Paris.* 1681. 5. *vol.*

309 Oeuvres de René Chopin, avec un Traité sur les principales Régles des Coûtumes de France. *Paris*, 1662. 5. *vol.*

310 Les Oeuvres de M. Guy Coquille. *Paris*, 1666. 2. *vol.*

311 Les Oeuvres de Claude Henris, par J. Bretonnier. *Paris*, 1708. 2. *vol.*

312 Plaidoyers de J. Guy Basset, Avocat au Parlement de Grenoble, avec plusieurs Arrêts de la même Cour sur les matieres Bénéficiales, Civiles & Criminelles. *Grenoble*, 1668. 2. *vol.*

313 Melchioris Goldasti Collectio Constitutionum Imperialium. *Francofurti*, 1615. 3. *vol.*

314 Recessus Imperii. *Francofurti*, 1720. 2. *vol.*

315 Theatrum Historicum Prætentionum & Controversiarum Illustrium in Europâ, Christ. Hermann Shiveder. *Lipsiæ*, *Lud. Bleditsch*, 1712.

316 Philippi Andreæ Oldemburgeni Limnæus Enucleatus, & notis illustratus. *Genevæ*, 1670.

317 Hulderici ab Eyben de Jure Civili privato, Publico & Feudali. *Argentorati*, 1708.

318 Antonii Olibani Commentaria de actionibus. *Barcinonæ*, 1606. 2. *vol.*

319 Loix Abregées, par Philibert Burguyon. *Bruxelles*, 1702.

320 Costumen van Brabant da J. B. Christyn, Avocat in den Souvereynen Rade van Brabant. *Antuerpen*, 1682. 2. *vol.*

SCIENTIÆ ET ARTES *In-fol.*

PHILOSOPHIA.

321 Diogenes Laertius de Vitis Philoſophorum, Græcè & Latinè, cum notis variorum. *Londini*, 1664.

322 Platonis opera omnia, Græcè & Latinè, ex Jo. Serrani interpretatione. *Pariſ.* 1578. 3. *vol.*

323 Platonis opera omnia, Marcilio Ficino interprete. *Lugd.* 1588.

324 Ariſtotelis opera omnia, Græcè & Latinè, auctore Guill. Duval. *Lutetiæ Pariſiorum*, 1629.

325 Simplicii Commentarii in octo Ariſtotelis Phyſicæ libros. *Venetiis*, *Aldus*, 1526.

326 Les Oeuvres Morales & Philoſophiques de Plutarque, par M. Amyot. *Paris*, 1618. 2. *vol.*

327 Senecæ opera omnia. *Pariſ.* 1580.

328 Le Pimandre de Mercure Triſmegiſte de l Philoſophie Chrétienne, par M. François d Foix. *Bordeaux*, *Millanges*, 1579.

329 De Triplici Statu animæ Rationalis. *Bononiæ*, 1628.

330 Theatro Moral de toda la Philoſophia de lo antiquos y modernos con el Enchiridion d Epicteto, &c. *En Bruxellas*, 1669.

331 Theatro Moral de la Vida Humana con el En chiridion de Epicteto y la Tabla de cebes. *E Bruxellas*, 1672.

332 Eſpejo de la Inventud Moral Politico y Chriſ tiano, del illuſtr. Senor Don Marcos Boaro de Serna. *En Madrid*, 1674.

333 Andreas Fricius Modrevius de Republica emendanda. *Basileæ*, 1559.

334 Jo. Bodini de Republica Libri VI. *Lugd.* 1586.

335 Le premier Livre des Discours de l'Etat de Paix & de Guerre de Nicolas Machiavel, sur la premiere Decade de Tite-Live, traduit de l'Italien en François. *Paris*, 1544.

336 H. C. Agrippa de occulta Philosophia. 1533.

337 Martini Delrio Disquisitiones Magicæ. *Lugd.* 1666.

338 Amphiteatrum Cabalisticum, divino Magicum, Physico Chimicum, &c. auctore Hen. Khumrath. *Francofurti*, 1653.

339 Joan. Reuchlin de Arte Cabalisticâ.

340 Artis Cabalisticæ, H. E. reconditæ Theologiæ, & Philosophiæ scriptorum. *Tomus primus.*

341 Gustavi Seleri Cryptomenitices & Cryptographiæ Libri IX. in quibus Trithemi Steganographiæ enodatio traditur. 1624.

HISTORIA NATURALIS.

342 Caii Plinii Historia Naturalis. *Parmæ*, *Steph. Corallus*, 1476.

343 Caii Plinii secundi Historia Mundi. *Basileæ*, 1545.

344 Caii Plinii secundi Historia Mundi. *Lugduni*, 1548.

345 Eadem, auctore Sigismundo Celeno, cum notis variorum. *Paris.* 1582.

346 Eduardi Wottoni Oxoniensis de differentiis animalium liber. *Lutetiæ*, *Vascosanus*, 1552.

347 Conradi Gesneri Historia Animalium. *Tiguri*, 1551.

348 Historia Naturalis de quadrupedibus, de Avibus,

&c. cum Æneis figuris, auctore Jo. Jonstonio. *Amstelodami*, 1657. 2. *vol.*

349 Hyppolitus Salvianus de Piscibus. *Romæ*, 1544.
Compendio de la Anatomia, por Jean de Val.
La Cavalerie Françoise, par Salomon de la Broüe. *Paris*, 1612.

350 Ulisses Aldrovandus de Animalibus Exanguibus, de Quadrupedibus, de Piscibus, de Insectis, de Avibus, Dendrologia & Musæum Metallicum. *Bononiæ*, 1606. *& seqq.* 13. *vol.*

353 Mémoire pour servir à l'Histoire Naturelle des Animaux. *Paris*, *de l'Imprimerie Royale*, 1671. 2. *vol. gr. papier.*

354 La parfaite connoissance des Chevaux, par J. Desaunier. *La Haye*, 1734.

355 Theophrasti Eresii opera omnia, Græcè & Latinè. *Lugd. Bat.* 1613.

356 Theophrasti Eresii de Historia Plantarum Libri X. Gr. & Lat. *Amstelod.* 1644.

357 Pedaci Dioscoridis Anazarbæi opera omnia ex nova interpretatione Jani Antonii Saraceni. *Ffurti*, 1598.

358 Leonhartus Fuchsius de Historia Stirpium. *Basileæ*, 1542.

359 Petri Andreæ Matthioli opera omnia. *Basileæ*, 1674.

360 Remberti Dodonæi Stirpium Historia. *Antuerpiæ*, 1616.

361 Joannis Raii Historia Plantarum. *Londini*, 1686. 3. *vol.*

362 Plantarum Historiæ Universalis Oxoniensis distributio nova, à Roberto Morisson. *Oxonii*, 1715. 2. *vol.*

363 Abrahami Muntingii Phitographia curiosa exhibens Arborum, Herbarum & Florum Icones. *Amstelodami*, 1713.

364 Plantæ per Galliam, Hispaniam & Italiam observatæ Iconibus Æneis Exhibitæ, à R. P. Jac. Barreliero. *Paris.* 1714.

365 Horti Medici Amstelodamensis variarum Plantarum descriptio & Icones. *Amstelodami*, 1697. 2. *vol.*

366 Hortus indicus Malabaricus. *Amstelodami*, 1686. 12. *tom. en* 7. *vol.*

367 Description des Plantes de l'Amérique, par le P. Plumier. *Paris*, 1693.

368 Traité des Fougeres de l'Amérique, par le même.

369 Florilegium amplissimum & selectissimum, auctore Emanuele Swertio. *Amstelodami*, 1647.

370 Mémoires pour servir à l'Histoire des Plantes, dressés par M. Dodart. *Paris*, *de l'Imprimerie Royale*, 1676. *gr. pap.*

371 Marcelli Malpighii Anatome Plantarum. *Londini*, 1687.

372 Georgius Agricola de Re Metallica, & de Animantibus subterranæis. *Basileæ*, 1546.

373 Athanasii Kircheri Magnes. *Romæ*, 1654.

MEDICINA.

374 Universa Hippocratis & Galeni opera, Gr. & Lat. *Paris.* 1639.

375 Avicennæ opera. *Venetiis*, 1562.

376 Guintherius de Medicinâ veteri & nova. *Basileæ*, 1571.

377 Jo. Fernelii Ambiani Universa Medicina. *Lutetiæ Parisiqr.* 1567.

378 Jac. Silvii opera Medica, cum auctoris vitâ. *Genevæ*, 1630.

79 Aurelii Philippi Theophrasti Paracelsi Bombast, ab Hohensheim opera omnia Medico-Chimico-Chirurgia. *Genevæ*, 1658.

380 Plempii fundamenta Medicinæ. *Lovanii*, 1654.

381 Hollerii Medici opera practica, cum notis variorum. *Paris.* 1664.

382 Claudini Empirica rationalis. *Bononiæ*, 1653. 2. *vol.*

383 Mich. de Heredia opera Medica. *Lugduni*, 1655. 2. *vol.*

384 Theophili Boneti Medicina Septentrionalis. *Genevæ*, 1687. 2. *vol.*

385 Ejusd. Polialthes, sive Thesaurus Medico Practicus. *Genevæ*, 1691. 3. *vol.*

386 Ejusd. Sepulcrhertum, sive Anatomia Practica. *Lugduni*, 1700. 3. *vol.*

387 Montàni Medicina universa. *Francofurti*, 1587.

388 Anatome Corporis Humani, auctore Jo. Valverdo, nunc primum à Michaele Colubo Latinè reddita. *Venetii* 1607.

389 Les Oeuvres Anatomiques & Chirurgicales de M. Germain, Docteur-Regent en la Faculté de Paris. 1656.

390 Godefridi Bidloo Anatomia. *Amstelodami*, 1685. *carta imperialis.*

391 Pharmacopeia Augustana. 1622.

392 Jo. Jacobi Manget Bibliotheca Medico Practica, Chirurgica, Anatomica, Pharmaceutico-Medica, & Theatrum Anatomicum. *Genevæ*, 1696. 14. *vol.*

393 Michaelis Bernhardi Valentini Corpus Juris Medico-Legale. *Francofurti*, 1722.

394 Ejusdem Aurifodina Medica, seu Historia Simplicium reformata. *Ffurti*, 1723.

395 Theses Medicinæ.

396 Veterum Mathematicorum opera, Græcè & Latinè. *Parif. è Typ. Regiâ*, 1693.

397 Euclidis Elementorum Libri XV. una cùm ſcholiis antiquis, à Friderico Commandino in Latinum converſi. *Piſauri*, 1619.

398 Opera Mathematica Jo. Schoneri. *Norimbergæ*, 1551.

399 Opus Mathematicum octo Libros complectens, auctore Joanne Taiſnerio. *Coloniæ Agrip.* 1583.

400 Globi Cœleſtis in Tabulas redacti deſcriptio, auctore R. P. Ignatio Gaſtore Pardies. *Pariſiis*, 1674.

401 Joannis Hevelii Prodromus Cometicus. *Gedani*, 1665.

402 Staniſlai Lubienietski Theatrum Cometicum. *Lugd. Batav.* 1681.

403 Eſchindi, ſumma Aſtrologiæ. 1489.

404 Speculum Aſtrologiæ, auctore Fr. Junctino Florentino. *Lugduni*, 1583. 2. *vol.*

405 Franciſci Allæi, Aſtrologiæ nova methodus. *Rhedonis*, *Herbert*, 1654. *carta magna.*

406 De Kalendario & Cyclo Cæſaris, diſſertationes duæ, auctore Franc. Blanchino. *Romæ*, 1703.

407 La Viſion parfaite, ou la Vûë diſtincte par le concours de deux Axes en un ſeul point d'objet, par le P. Cherubin d'Orleans, Capucin. *Paris*, 1681.

408 Franciſci Salinæ de Muſica, Libri VII. *Salmanticæ*, 1577.

409 Traité de la Muſette. *Lyon*, 1672.

ARCHITECTURA ET PICTURA.

410 Marci Vitruvii Pollionis de Architectura Libri

X. *Amstelodami, L. Elzevir*, 1649.

411 Idea della Architettura universale di Vincenzo Scamozzi. 1615.

412 Amphiteatro Flavio descritto è delineato dal Cavaliere Carlo Fontana. *Nell' Haya*, 1725.

413 Opere del Caval. Francisco Boromino. *In Roma*, 1720.

414 Devis, Conditions, Prix & Adjudications des Ouvrages de Maçonnerie, Charpenterie, &c. par M. de Cotte. *Paris*, 1727.

415 Plan de l'Eglise de Saint Pierre de Rome, par le sieur Tarade.

416 Plan & Vûës des Maisons Royales, par Silvestre. 84. *piéces.*

417 Vûës des Maisons du Louvre, des Thuilleries, Vincennes, &c. 43. *piéces.*

418 Vûës de plusieurs Villes, Entrées, Marches & Châteaux du Roy, par Et. Fr. Wander Meulen, au nombre de 35.

419 { Plan de la Maison Royale de Versailles, par Silvestre. 12. *piéces.*
Fontaines & Bassins, gravées par Chastillon & autres. 28. *piéces.*
Statuës & Vases antiques, d'Edelinck & Audran. 38. *piéces.*
Description de la Grotte de Versailles. *Paris*, 1676. }

420 Statuës & Bustes antiques des Thuilleries, par Melam. *Paris*, 1669.

421 Plan de l'Hôtel Royal des Invalides.

422 Tableaux du Cabinet du Roy.

423 Tapisseries du Roi, où sont représentés les quatre Elemens & les quatre Saisons de l'année. *Paris, de l'Imprimerie Royale*, 1670.

Plus, dans le même volume, Renouvellement d'Alliance entre la France & les Suisses; le Siége de Tournay;

Tournay ; le Siége de Douay ; la Défaite de l'Armée Espagnole près le Canal de Bruges.

424 Les Batailles d'Alexandre le Grand, gravées par Audran. *Plus*, les Plafonds & le grand Escalier de Versailles.

425 Rélation de la Fête de Versailles du 18. Juillet 1668. *Paris, de l'Imprimerie Royale*, 1679.

426 Courses de Têtes & de Bague faites par le Roy & les Princes, &c. en 1662. *Paris, Imp. R.* 1670.

426 * Raccolta di Statue antiche & moderne da Domenico de Rossi. *In Roma*, 1704. *C. M.*

427 La Gallerie de M. le Président Lambert. *Paris.*

427 * Explication de cent Estampes qui représentent différentes Nations du Levant, par M. de Feriol. *Paris*, 1715. *gr. pap.*

428 Recueil d'Ornemens, par Berain.

428 * Recueil d'Estampes d'après les plus beaux Tableaux & Desseins qui sont en France, *ou* la Gallerie de M. de Crozat. *Paris, Imp. R.* 1729. *g. p.*

429 Vitruvius Britannicus, auctore Camp. Bell, *London.* 2. *vol.*

HUMANIORES LITTERÆ

In-folio.

GRAMMATICI.

430 Thomassini Glossarium universale Hæbraïcum. *Paris. Typ. Reg.* 1697.

431 J. Fusani Lexicon Græco-Latinum. *Paris. Guilliard*, 1552.

432 H. Stephani Thesaurus Græcè Linguæ, cum appendicè. *Paris. apud autorem.* 1572. 4. *vol.*

433 Suidæ Lexicon Græcè & Latinè. *Cantabrigiæ, Typ. Acad.* 1705. 3. *vol. C. M.*

434 Julii Pollucis Onomasticon Græcè & Latinè. *Amstelodami*, 1706. 2. *vol.*

435 C. Dufresne Glossarium ad scriptores Mediæ & Infimæ Latinitatis. *Paris.* 1678. 3. *vol.*

436 Dictionnaire de Furetiere. *A la Haye*, 1690. 3. *vol.*

437 Georgii Kickesii linguarum veterum Septentrionalium Thesaurus Grammatico Criticus. *Oxoniæ*, 1705. 2. *vol.*

438 Claudii Dausquii Ortographia Latini Sermonis vetus & nova. *Paris.*

ORATORES.

439 Issocratis Orationes & Epistolæ, cum Latinâ interpretatione Wolfii & notis Henrici Stephani & aliorum. *Paris.* 1593.

440 Demosthenis & Æschinii opera Græcè & Latinè, per Hier. Wolfium. *Francofurti*, 1604.

441 Dionysii Chrisostomi Orationes Latino-Græcè. *Lutetiæ*, 1623.

442 Themistii Orationes Gr. Lat. ex interpretatione J. Petavii, & cum D. Harduini. *Paris. Typ. Reg.* 1684.

443 Ciceronis opera, cum notis Gruteri. *Londini*, 1681. 2. *vol.*

444 Ejusd. Epistolæ, cum ipsius vita. *Venetiis*, 1470.

445 Les Philipiques de Ciceron, translatées en François par Macault, Secretaire & Valet de Chambre du Roi. *Paris*, 1549.

446 M. F. Quintiliani Institutiones Oratoriæ. *Paris.* 1533.

POETÆ GRÆCI ET LATINI.

447 Poëtæ Græci principes Heroïci. *Paris. Hen. Stephanus*, 1566.

448 Euripidis Tragœdiæ ex editione, & cum notis Barnesii, Gr. Lat. *Cantabrigiæ*, 1694.

449 Aristophanis Comediæ cum notis Kusteri, Gr. Lat. *Amstelodami*, 1710.

450 Pindari opera, cum Latina versione, per Sudorium, Gr. Lat. *Oxonii*, 1697.

451 Lycophronis Alexandra, cum notis & commentariis Potteri, Gr. Lat. *Oxonii*, 1702.

452 Plauti Comediæ cum Commentariis. *Venetiis*, 1511.

453 Terentii Comediæ. *Paris. Typ. Reg.* 1642.

454 Terence en François, tant en Rime qu'en Prose. *Paris.* 1539.

455 Virgilii opera. *Paris. Typ. Reg.* 1641.

456 Virgilii opera, per Ogilvium edita, & Sculpturis Æneis ornata. *Londini*, 1663.

457 Horatii opera. *Paris. Typ. Reg.* 1642.

458 Juvenalis Satyræ. *Paris. Typ. Reg.* 1644.

459 Martialis Epigrammata, cum Commentariis Math. Raderi, Soc. Jes. *Ingolstadii*, 1602.

POETÆ GALLICI.

460 Les Oeuvres de Ronsard. *Paris*, 1609.

461 Les Oeuvres de Salluste, Sieur du Barthas. *Paris.* 1614.

462 La Pucelle d'Orleans. *Paris.* 1625.

463 L'Histoire du Roy Perceforêt, Roy de la Grande-Bretagne. *Paris*, 1528. 2. *vol.*

464 Les Triomphes de la noble & amoureuse Dame, & l'Art d'honêtement aimer, composé par le Traverseur des voyes périlleuses. *Paris*, 1534.

465 Epîtres morales & familieres du Traverseur. *Poitiers*, 1545.

466 Les Avantures de Telemaque de M. de Fenelon, traduites en Vers Allemands, avec les notes de Benjamin Neusirch. 1727.

MISCELLANEA POLYGRAPHI.

467 Athenæus cum interpretatione Dalecampii, & animadversionibus Casauboni. *Lugduni*, 1612.
468 Luciani opera Græco-Latina, cum notis Bourdelotii. *Parisiis*, 1615.
469 Les Oeuvres de Lucien, traduites par Philibert Bretin. *Paris*, 1582.
470 D. Erasmi opera omnia. *Basileæ*, 1511. 9. *vol.*
471 Erasmi opera omnia. *Lugd. B.* 1713. 11. *vol.*
472 Petrarchæ opera. *Basileæ*. 2. *vol.*
473 J. P. Mirandulæ opera omnia. *Basileæ*, 1572. 3. *vol.*
474 Cardinalis de Cusa opera omnia. *Basileæ*.
475 Bocacius de Casibus Virorum illustrium. *Aug. Vindel.* 1544.
476 Petrus Crinitus de honestâ disciplina, &c. *Parisiis*, 1512.
477 Lilii Gregorii Giraldi opera. *Lugd.* 1696. 2. *v.*
478 J. Lud. Viualdi opera. *Basileæ*, 1555. 2. *vol.*
479 Turnebi opera. *Argentorati*, 1500.
480 Baconi opera. *Francofurti*, 1665.
481 Cardani opera. *Lugduni*, 1663. 10. *vol.*
482 J. Lipsii opera. *Antuerpiæ*, 1637. 4. *vol.*
483 Vossii opera. *Amstelodami*, 1701. 4. *vol.*
484 Epistolæ Miscellaneæ ad Frid. N. Blancampianum Episc. Viennensem. *Basileæ*, 1550.
485 Theatrum Vitæ Humanæ, à Conrado Lycostene. *Paris.* 1572.
486 Laurentii Beverling magnum Theatrum Vitæ Humanæ. *Lugduni*, 1678. 8. *vol.*
487 De la vicissitude des choses en l'Univers, par Louis le Roy. *Paris*, 1575.
488 Les Essais de Montagne. *Paris*, 1635.
489 Les delices de l'Esprit avec figures, par Jean Desmaretz. *Paris*, 1661.

HISTORIA *In-folio.*

GEOGRAPHI.

490 Theatrum Geographiæ veteris, Petr. Bertii. *Amst.* 1618. *C. M.*

491 Cl. Ptolomæi Tabulæ Geographiæ orbis Terrarum. *Trajecti ad Renum*, 1698.

492 Orbis antiqui Tabulæ Geographiæ, ſecundum Ptolomæum. *Amſtelod.* 1730.

493 Gerardi Mercatoris & Joannis Hondii Atlas. *Amſterdam.* 1633. 2. *vol.*

494 Atlas novus, in quo Tabulæ & deſcriptiones omnium Regionum totius orbis accuratiſſimè exhibentur. *Amſtelod.* J*anſſonius*, 1641. 3. *vol.*

495 Le grand Atlas, ou Coſmographie Blaviane. 12. *vol. g. p. enluminé.*

496 Atlas Cœleſtis And. Cellarii, cum figuris de pictis. *Amſt.* 1661. *C. M.*

497 Le Théatre du Monde, ou nouvel Atlas de Blaeu. 1647. 4. *vol.*

498 Atlas Hiſtorique, par Geudeville. *Amſt.* 1721. 7. *tom. en* 3. *vol. gr. p.*

499 Le nouveau Théatre du Monde, compoſé de nouvelles Cartes très-excellentes, avec une deſcription Géographique des quatre parties du Monde. *Leyde*, *Vander-Aa*, 1713.

500 Atlas François contenant une deſcription générale de la France, avec une deſcription Geographique de chaque Province, & les Cartes, les Généalogies des plus illuſtres Familles, & les Archevêchez & Evêchez. *Amſterd. Blaeu & Mortier.* 2. *vol.*

501 Frontieres de France, ou Recueil des Cartes des Gaules, par Samſon. 94. *planches.*

502 Recueil des Cartes de la Province de Languedoc.

503 Atlas Anglois, contenant une deſcription de chaque Province de l'Angleterre, avec les Cartes, les Généalogies des plus illuſtres Familles, & les Archevêchez & Evêchez. *Londres*, 1714.

504 Michaelis Antonii Baudran Geographia. *Pariſ.* 1682. 2. *vol.*

CHRONOLOGI ET HISTORICI UNIVERSALES.

505 Theſaurus Temporum Euſebii Pamphili, cum animadverſionibus Joſephi Juſti Scaligeri. *Amſtelodami*, 1658.

506 Scaligeri de emendatione Temporum, cum ſelectis veterum Græcorum fragmentis. *Genevæ*, 1629.

507 Noviſſimæ Hiſtoriarum omnium repercuſſiones, à P. Jacobo Philippo Bergomenſe editæ.

508 Ejuſdem Supplementum Chronicorum omnes ferè Hiſtorias, quæ ab orbe condito geſtæ ſunt complectens. 1575.

509 Lucii dextri Barcinonenſis Chronicon Commentariis apodecticis illuſtratum, à F. Bivario Ciſtercienſis Monacho. *Lugd.* 1627.

510 Chriſtophori Helvici Theatrum Hiſtoricum & Chronologium continuatum à J. Juſto Winkelmenno. *Francofurti*, 1666.

511 Orbis Sacer & Prophanus illuſtratus, per Franciſcum Orlendium. *Florentiæ*, 1728.

512 Opera Jo. Geropii Beccani hactenus in lucem non edita. *Antuerpiæ*, 1580.

513 Divi Antonii Florentini Archiepiſcopi Chro-

nicon. *Lugd.* 1586. 3. *vol.*

514 Opus de Historicis Ætatum mundi, auctore Mattherlo Perusino Medico, in urbe Nurembergensi. 1493.

515 De Gentium aliquot Migrationibus, auctore Wolfango Lazio. *Francofurti*, 1600.

516 Chronologia Reformata & ad Certas Conclusiones redacta, auctore Jo. Bap. Ricciolio Soc. Jesu. *Bononiæ*, 1669.

517 La Mere des Histoires, avec le Martyrologe des Saints. *Paris*, 1488. 2. *vol.*

518 Miroir Historial de Vincent, ou Chronologie des choses les plus remarquables arrivées dans l'Eglise pendant la Loi de Moyse & la Loi de Grace. *Paris*, 1531. 2. *vol.*

519 Posographie ou Description des Hommes Illustres, avec une ample Chronique de ce qui s'est passé dans toutes les parties du Monde jusques à présent; par Ant. du Verdier, sieur de Vauprivas. *Lyon*, 1603. 3. *vol.*

521 Compendi Historici del Comte Alfonso Loschi Vicentino. *In Venetia*, 1652.

522 Tables Chronologiques pour servir à l'Histoire Universelle, par Rhou, G. P. Mar. Cit.

HISTORIA ECCLESIASTICA.

523 Annales Ecclesiastici veteris Testamenti, auctore Jacobo Saliano Soc. Jesu. *Paris.* 1641. 5. *vol.*

524 Eusebii Pamphili, Socratis & Theodoreti, Historia Ecclesiastica, Gr. Lat. *Paris.* 1659. 3. *vol.*

525 Nicephori Historia Ecclesiastica. *Paris.* 1630, 2. *vol.*

526 Luitprandi Chronicon, cum notis Hieronymi de la Higuera è Soc. Jesu. *Antuerpiæ*, 1640.

527 Historia Ecclesiastica per studios ac pios in urbe Magdeburgica viros olim congesta, nunc denuò per Ludovicum Licium fidelitate recensita. *Basileæ*, 1624. 3. *vol.*

528 Annales Ecclesiastici, auctore Cæsare Baronio Cardinali, à Christo nato ad annum usque 1198. *Romæ*, 1607. 12. *vol.*

529 Idem Annales producti sunt ad annum 1565. ab Odorico Raynaldo. *Romæ*, 1677. 10. *vol.*

530 Baronii Continuatio per Abraham. Bzovium. *Antuerpiæ*, 1617.

531 Annalium Ecclesiasticorum Baronii Epitome, ab Henrico Spondano. *Paris.* 1630. 2. *vol.*

532 Critica Historico-Chronologica in Annales Ecclesiasticos Card. Baronii, à Francisco Pagi. *Antuerpiæ*, 1705. 4. *vol.*

533 Monarchia Ecclesiastica Compuesta por J. Pieneda de la Observancia. *En Barcelona*, 1620. 4. *vol.*

534 Crux Triumphans & Gloria, à Jacobo Bosio descripta. *Antuerpiæ.*

535 Samuelis Basnagii Annales Politico Ecclesiastici. *Roterodami*, 1706. 3. *vol.*

536 Historia Pelagiana, auctore Hen. de Noris Veronensi Cardinali. *Lovanii*, 1702.

537 Philippi à Limborck Historia Inquisitionis. *Amstelodami*, 1692.

538 Ludovici à Seckendorf Commentarius Historicus & Apologeticus de Lutherianismo. *Lipsiæ*, 1694.

Historia Summorum Pontificum & Cardinalium.

539 Platina de vita Christi ac Pontificum omnium. 1485.

540 Bap. Platinæ Cremonenſis opus de vitis ac geſtis Summorum Pontificum ; continuatum uſque ad Pium IV. per Onuphrium Panvinum. *Coloniæ*, 1562.

541 Pontifical Hiſtoria por Halarico Primero continuada al anno 1630. *En Barcelona*, 1630. 5. *vol.*

542 Onuphrii Panvinii Veronenſis XXVII. Pontif. Maxim. Elogia & imagines. *Romæ*, 1568.

543 Hiſtoria Theodorici de Niem Epiſc. Verdenſis de Chiſmate Avenionenſi ; accedit Jo. Marius de præſtantia Conciliorum Eccleſiæ Gallicanæ. *Baſileæ*, 1566.

545 Hiſtoria Summorum Pontificum à Martino V. ad Innocentium XI. per eorum numiſmata à Cl. Dumoulinet. *Pariſ.* 1679.

546 Flores Hiſtoriæ Sacri Collegii Cardinalium, auctore Lud. d'Attichi. *Pariſ.* 1660. 2. *vol.*

Martyrologia & Hiſtoriæ Sanctorum.

547 D. Ruinart Acta Martyrum. *Amſtel.* 1713.

548 Acta Sanctorum Bollandi pro menſibus Januario & Martio. *Antuerpiæ*, 1643. 4. *vol.*

549 Les Vies des Saints. *Paris*, *Deſprez*, 1722.

550 Flos Sanctorum, por el padre Pedro de Ribadeneira de la Compagnia de Jeſus. *En Barcelona*, 1643. 2. *vol.*

551 Flavia Papia Sacra à R. P. Romualdo à S. Maria. *Ticini Regii*, 1699.

552 Acta Canoniſationis Sanctorum. *Romæ*, 1720.

Historia Ordinum Monasticorum & Religiosorum.

553 Annales Ordinis Sancti Benedicti usque ad annum 1116. auctore Jo. Mabillon Benedict. *Paris.* 1703. 5. *vol.*

554 Acta Sanctorum Ordinis Sancti Benedicti, collecta à Luca Dachery Benedictino, & edita ab Jo. Mabillon ejusd. Ordinis. *Paris.* 1668. 9. *vol.*

554 Mémoire pour servir à l'établissement de la Jurisdiction des Abbez Généraux de Cluny. *Paris*, 1706.

555 La Vie, la Mort & les Miracles de S. François de Paule, Fondateur de l'Ordre des Minimes, avec des figures, par Antoine Dondé. *Paris*, 1671.

556 Statuta Ordinis Carthusiensis, à Guigone, Priore Carthusiæ, edita; cum additione novorum Statutorum & Privilegiorum. *Basileæ*, 1510.

557 Ang. Maringue Annales Cistercienses. *Lugd.* 1652. 3. *vol.*

558 Annales Ordinis Minorum Sancti Francisci qui Capucini Nuncupantur, auctore Patre Zacharia Boverio. *Lugd.* 1632.

559 La Succession du Saint Prophête Elie en l'Ordre des Carmes & en la Réforme de sainte Therese. *Paris*, 1662.

560 Histoire & Annales des Carmes Dechaussez de France qui sont sous le Gouvernement de l'Ordre, par le P. Louis de sainte Therese. *Paris*, 1666. 2. *vol.*

561 Encomiasticon Augustinianum, auctore Fr. Philippo Elessio. *Bruxellis*, 1654.

562 Militaris Ordinis Johannitarum Rhodiorum, aut Melitensium equitum, rerum Memorabilium Terra marique gestarum usque ad annum

1581. Historia, auctore Henrico Pantaleone. *Basileæ*, 1581.

563 Histoire de Malthe', avec les Statuts & les Ordonnances de l'Ordre, de la traduction de Baudoin. *Paris*, 1659.

HISTORIA ANTIQUA.

564 Pausaniæ Græciæ descriptio cum notis. *Lipsiæ*, 1696.

565 Philippi Cluverii Italia Antiqua, ejusdem Germania, Sicilia, Sardinia & Corsica Tabulis Geographicis ære expressis illustrata. *Lugd. Bat. apud Elzevirios*, 1619. 4. *vol.*

566 Franc. Leandri Alberti descriptio totius Italiæ, interprete Guill. Kiriandro. *Coloniæ*, 1567.

567 Notitia dignitatum Orientis & Occidentis Imperii. *Lugduni*, 1608.

568 Commentariorum Reipublicæ Romanæ Libri XII. per Wolffgangum Lazium. *Basileæ*, 1559.

HISTORIA GRÆCA ET ROMANA.

569 Herodoti Halicarnassi Historiarum libri novem, cum notis. *Londini*, 1679.

570 Diodori Siculi Historiæ libri quindecim, Græcè & Latinè. *Hanoviæ*, 1604.

571 Sept Livres des Histoires de Diodore Sicilien, traduits du Grec en François, par Amiot. *Paris*, *Vascosan*, 1554.

572 Thucididis libri octo, Græcè & Latinè. *Henr. Steph.* 1588.

573 Xenophontis opera Græcè & Latinè. *Francofurti*, 1596.

574 Ariani de expeditione Alexandri Magni libri octo. *Henr. Steph.* 1575.

575 Q. Curtius de Rebus Alexandri Magni. *Basileæ*, 1545.

576 Historiarum Græcarum libri duo, auctore Wolffgango Lazio. *Hanoviæ*, 1605.

577 Historia Annibalis, sive Titi-Livii Historiarum tertia decas impressum anno 1478.

578 Decas de Tito-Livio Paduano. *In Venetia*, 1481. 2. *vol.*

579 C. Julii Cæsaris Commentarii, cum fig. *Londini*, *Tonson*, 1712. 2. *vol. C. M. mar. r.*

580 Cornelii Taciti opera ex Justi Lipsii editione & cum ejus Commentariis & notis. *Antuerpiæ*, 1585.

581 Les Oeuvres de Tacite, traduites en François. *Paris*, 1582.

582 Historiæ Augustæ scriptores, cum notis Salmasii. *Paris.* 1620.

HISTORIA BYSANTINA ET TURCICA.

583 { Corpus Historiæ Bysantinæ, seu Imperii CP. à Constantino M. ad captam à Turcis Constantinopolim ex variis scriptoribus simul collectis & editis Græcè & Latinè cum notis, comment. &c. per Varios doctos viros. *Paris. è Typ. Reg.* 1648. *& seqq.* 25. *vol. Cartâ Imperiali.*
Georgii Pachymeris Mich. & Andronicus Paleologi, ab anno 1255. ad 1308. Gr. Lat. cum notis & observ. P. Possini. *Romæ*, 1666. & 69. 2. *vol. C. Imp.*
Car. du Fresne, D. du Cange, Familiæ Bysantinæ. *Paris.* 1680. *C. Imp.*
Banduri Imperium Orientale. *Paris. Coignard.* 2. *vol. c. Imp.*

584 Historia Saracenica Arabicè & Latinè, per

Th. Erpenium. *Lugd. Bat. apud Elzevirios*, 1625.

585 Historia Musulmanna per Leunclavium cum commentariis. *Francofurti*, 1591.

586 Chronicon Turcarum & Mahometicæ Religionis instituta, auctore Philippo Lonsiero. *Francofurti*, 1578.

HISTORIA ITALICA.

587 Caroli Sigonii Historiæ de Regno Italiæ. *Venetiis*, 1574.

588 Francisci Guichardini Historia Italica sui Temporis, Cœlio secundo Carione interprete. *Basileæ*, 1566.

589 Pauli Jovii Historiarum sui Temporis, tomns primus, XXIII. Libros complectens. *Lutetiæ*, 1558.

590 Caroli Sigonii Historia de Rebus Bononiensibus. *Hanoviæ*, 1604.

591 Ecclesiæ Neapolitanæ Monumenta, per Ant. Carracciolum Clericum Regularum. *Neapoli*, 1645.

592 Status Rerum Memorabilium tam Ecclesiasticarum, quam Politicarum ac Ædificiorum Civitatis Neapolitanæ, auctore Abbate Franc. de Magistris. *Neapoli*, 1678.

593 Chronica Siciliæ & Viennæ, per Thomam Fazellum. *Francof.* 1579.

594 Rerum Sicularum scriptores. *Francof.* 1579.

595 Vitæ Sanctorum siculorum, R. P. Octavi Cajetani Soc. Jesu. *Panorini*, 1657.

596 Annales Sardiniæ per Salvatorem vitalem Marensem Franciscanum. *Florentiæ*, 1639.

597 De Epistola B. V. Mariæ ad Messanenses, auctore P. Melch. Inchofer. *Vibertii*, 1631.

598 Deffensio Sanctitatis Beati Luciferii Archiepiscopi Caliritani Sardiniæ & Corsicæ Primatis. *Calari*, 1639.

599 Donati Bossii Mediolanensis, gestorum, dictorumque memorabilium, & temporum ac conditionum & mutationum humanarum ab orbis initio usque ad ejus tempora liber. *Mediolani*, 1492.

600 Della Felicita di Padoua, di Angelo Portenari. *In Padoua*, 1623.

601 Discorsi Historiali concernenti la vita & attioni de Vescovi di Verulli espressi da Marc. Aurelio Cusano. *In Verulli*, 1676.

602 Théatre des Etats de M. le Duc de Savoye. *La Haye*, 1700, 2. *vol.*

603 Chronique de Savoye, extraite de l'Histoire de Guill. Paradin, continuée jusqu'en 1601. *Lyon*, 1602.

604 Chroniche di Messer Giovanni Villani, nellequali si tratta dell' origine di Firenze & di tutti è fati & guerre state fatte da Fiorentini nella Italia. *In Venetia*, 1537.

605 Leonardi Aretini Historiarum Florentianarum Lib. XII. *Argentorati*, 1610.

606 Historia di Cremona d'Antonio Campo Cavaliero. *In Cremona*, 1584.

HISTORIA FRANCICA.

607 Hadriani Valesii Notitia Galliarum. *Parisiis*, 1675.

608 Histoire Généalogique de la Maison de France, par Scevole & Louis de Sainte Marthe. *Paris*, 1647. 4. *vol. gr. p.*

609 Traitez touchant les Droits du Roy, par P. du

Puy. *Paris*, 1655. *grand papier.*

610 Hadriani Valesii Res Francicæ. *Parif.* 1646. 3. *vol. c. m.*

611 Corpus Franciæ Historiæ. *Hanoviæ*, 1613.

612 Historiæ Francorum ab anno 900. usque ad annum 1285. scriptores veteres, ex Bibliotheca Pithæi. *Francofurti*, 1596.

613 Historiæ Francorum scriptores Cœtanei, studio Andreæ du Chesne. *Parif.* 1636. 5. *vol.*

614 Thuani Historia sui Temporis, cum vita auctoris *Genevæ*, 1626. 4. *vol.*

615 Thuani Historiarum sui Temporis libri octoginta. *Parif.* 1618.

616 Thuani Historia sui Temporis, pars prima *Parif.* 1604.

617 Nominum Propriorum Virorum, Mulierum, populorumque in Thuani Historia leguntur, Index cum Vernacula expositione. *Genevæ*, 1634. *in*-4°.

618 Histoire de M. de Thou, traduite par M. du Ryer. 1659. 3. *vol.*

619 Histoire de France depuis Pharamond, par Eudes de Mezeray, nouvelle édition augmentée de l'origine des François. *Paris*, 1685. 3. *vol.*

620 Annales de la Monarchie Françoise, par Limiers. *Amst.* 1724. *fig.*

621 Historia delle Guerre Civili di Francia, di Henrico Caterino Davila. *In Venetia*, 1646.

622 Histoire de Saint Louis IX. du nom Roy de France, par Jean Sire de Joinville, avec des Additions & les Observations de Ch. du Fresne, Sieur du Cange. *Paris*, 1668.

623 Histoire des Rois Charles VI. VII. VIII. avec des Additions & les Annotations de Denis Godefroy. *Paris*, *Imp. Royale*, 1653. 3. *vol.*

624 Chroniques d'Enguerand de Monstrelet, revus par Denis Sauvage. *Paris*, 1572. 2. *vol.*

625 Mémoires de M. de Castelnau pour servir à l'Histoire de François II. Charles IX. Henri III. & de la Regente de Catherine de Medicis, avec la Généalogie de la Maison de Castelnau, par J. le Laboureur. *Paris*, 1659. 2. *vol.*

625 * Les mêmes, augmentés. *Bruxelles*, 1731. 3. *vol*

626 Lettres & Mémoires d'Estat depuis 1537. jusqu'en 1560. recueillis par Guillaume Ribier. *Paris*, 1666. 2. *vol.*

627 Les Triomphes de Louis le Juste, par J. Valdor. *Paris*, 1649. *fig.*

628 Les Recherches de la France d'Estienne Pasquier, *Paris*, 1643.

629 Sacre de Louis XV. *Paris*, *Imp. R.* 1722. *fig. gr. pap. mar. bl.*

630 Ambassade de M. le Duc d'Angoulême, de M. de Bethune & de M. de Château-Neuf en 1620. *Paris*, 1667.

631 Histoire des Secretaires d'Estat. *Paris*, 1668.

632 Oeconomies Royales, de M. de Sully. *Amsterdam.* 3. *vol.*

632 * Histoire Généalogique de la Maison de France, par le P. Simplicien. *Paris*, 1729. 9. *vol.*

633 Histoire Généalogique de la Maison d'Auvergne, par Estienne Baluze. *Paris*, 1708. 2. *vol. gr. pap.*

634 Chorographie & Histoire de Provence jusqu'en 1660. par Honoré Bouche. *Aix*, 1664. 2. *vol.*

635 Car. le Cointe Annales Ecclesiastici Francorum. *Paris. è Typ. Reg.* 1665. 8. *vol.*

636 Gallia Christiana per Scævol. & Lud. Sammarthanos Fratres. *Paris.* 1656. 4. *vol.*

637

637 Novissima Gallia Christiana Dionysii Sammarthani Bened. *Paris.* 1715. *& seq.* 6. *vol.*

638 Histoire de l'Eglise de Saint Estienne de Dijon. *Dijon*, 1696.

639 Histoire du Differend de Boniface VIII. & de Philippes le Bel, Roy de France, avec les Preuves, par P. du Puy. *Paris*, 1655. *gr. pap.*

640 Histoire de l'Abbaye de Saint Denis, par Michel Felibien. *Paris*, 1706. *fig.*

641 Histoire de l'Abbaye de Saint Germain-des-Prez, par Dom J. Bouillart. *Paris*, 1724. *fig.*

HISTORICA GERMANICA, AC SEPTENTRIONALIUM REGIONUM.

642 Germaniæ Exegesis, in quâ Populorum origo, Religio, consuetudines & usus, soli fertilitas, variaque Regum & Principum, gentisque nomina describuntur, auctore Francisco Irenico. *Hageneæ*, 1518.

643 Antiqui Scriptores qui Cæsarum & Imperatorum Germanicorum Res per aliquot sæcula gestas scripserunt, ex Bibliotheca Justi Renberi. *Hanoviæ*, 1619.

644 Conradi à Licthenau Abbatis Urspergensis Chronicon absolutissimum. *Basileæ*, 1569.

645 Wittichindi Saxonis rerum ab Henrico & Ottoni primo Imper. gestarum libri tres. *Basileæ*, 1532.

646 Struvii Corpus Historiæ Germaniæ à primâ gentis origine, ad annum usque 1730. *Jenæ*, 1730. 2. *vol.*

647 Antiquitates & Annales Trevirenses, auctoribus Christoph. Brosvero & Jacob. Masenio Soc. Jesu. *Leodii*, 1670.

648 Annales ſive Commentarii de origine & Statu Civitatis Anguſtæ Treviorum, auctore Wilhelmo Kiriandro ab anno à creatione mundi 1966. uſque ad annum Chriſti 1567. *Biponti*, 1667.

649 Deffenſio Abbatiæ Imperialis Sancti Maximini, per Nicol. Zilleſium. *Treviris*, 1638.

650 Manifeſtum Caroli Ludovici Comitis Palatini Rheni, Electoris & Ducis Bavariæ, continens Jus Succeſſionis in Electoratu ac Comitatu Palatini ad Rhenum. 1641.

651 Marci Velſeri opera Hiſtorica & Apologica Sacra & Profana. *Norimbergæ*, 1682.

653 Hiſtoria Saliſburgenſis, hoc eſt vita Epiſcoporum & Archiepiſcoporum Saliſburgenſium, auctore Joſepho Mezgeri Benedictino. *Saliſburgii*, 1692.

654 Coſmæ Pragenſis Eccleſiæ Decani Chronicæ Bohemorum Libri III. uſque ad annum 1526. Item Sancti Adalberti Epiſcopi Pragenſis vita, cum Elogiis Ducum, Regumque Bohemiæ verſibus decantatis, à Martino Cuthens & Gaſpare Cropacio. *Hanoviæ*, 1607.

656 Hiſtoria de vita & Rebus geſtis Viperti Marchionis Luſatiæ, auctore Monacho Peparienſi & altera de Bellis Friderici magni Landgraphici Turingæ, Palatini Saxoniæ, auctore Jo. Garzone Bononienſi. *Francofurti*, 1580.

657 Wandalia Alberti Krantz. *Coloniæ*, 1519.

658 Antonii Bonfinii Rerum Hungaricarum decades quatuor. *Hanoviæ*, 1606.

659 Il Regno di Sciavoni Hiſtoria di Don Mauro Orbini Ranſeo Abbate Melitenſe. *In Peſaro*, 601.

660 Sarmatiæ Europeæ Deſcriptio, quæ Poloniam, Lithuaniam, Ruſſiam, Pomeraniam, Livo-

niam & Moschoviæ Tartariæque partem complectitur, per Alexandrum Guaginum. *Spiræ*, 1581.

661 Martini Cromeri de Origine & Rebus gestis Polonorum. *Basileæ*, 1568.

662 Reniholdi Heidensteinii Secretarii Regii, Polonicarum Rerum ab excessu Sigismundi Augusti Libri XII. *Francofurti*, 1672.

663 Historia Olai magni Gothi Archiepisc. Upsalensis de gentium Septentrionalium variis conditionibus. *Basileæ*, 1555.

664 Rerum Danicarum Historia. *Amstelodami*, 1631.

665 Jo. Meursii Historia Danica. *Amstelodami*, 1638.

666 Danica Historia annis ab hinc Trecentis quinquaginta, auctore Saxone Grammatico Sialandico Dano. *Francof. ad Mœnum.* 1676.

HISTORIA BELGICA.

667 Belgicarum aliarumque gentium ab anno 1559. ad annum 1602. Historia, auctore Everardo Reydero, Dyonis. Vossio interprete. *Lugd. Bat.* 1633.

668 Chronique de Flandres, par Denis Sauvage. *Lyon*, 1562.

669 Annales Rerum Flandricarum, auctore Jacobo Meyero. *Antuerpiæ*, 1561.

670 Annales Flandriæ ad hæc nostra usque tempora, à diversis auctoribus conscripti. *Francofurti*, 1580.

671 Gallo-Flandria Sacra & Profana, auctore Jo. Bucelino Soc. Jesu. *Duaci*, 1624.

672 Jo. Baptistæ Gramaye Antiquitates Comitatus

Flandriæ. *Lovanii*, 1708.

673 Legatio Batavica ad magnum Tartariæ Chamum, per Jo. Neuhovium, Latinitate donata per Georg. Hornium. *Amstelod.* 1668.

674 Ducum Barbantiæ Chronica Hadriani Barlandi, item Brabantiades, Poëma, Melchioris Barlæi. *Antuerpiæ*, 1600.

675 Historia Sacra & Prophana Archiepiscopatus Mechlinensis, studio Cornelii Van Gestel. *Hagæ-Comitum*, 1725.

676 Diptychon Leodiense ex consulari factum Episcopale, & in illud Commentarius, Alexandri Wilthasnii Soc. Jesu. *Leodii*, 1659.

677 Bartholomæi Fisen è Soc. Jesu, Flores Ecclesiæ Leodiensis, sive vitæ vel Elogia Sanctorum, & aliorumqui illustriori virtute hanc Diœcesim exornarunt. *Insulis*, 1647.

678 Lamberti Hortentii Monfortii Seditionum Civium Ultrajectinarum ac Bellorum, ab anno 1524. usque ad translationem Episcopatus ad Burgundiones, libri septem. *Basileæ*, 1557.

679 Jo. Geropii Beccani Origines Antuerpianæ. *Antuerpiæ*, 1569.

680 Jo. de Beka Canonicus Ultrajectinus de Episcopis Ultrajectinis. *Ultrajecti*, 1643.

681 Rerum Frisicarum Historia, auctore Ubbone Emmio. *Lugd. Bat.* 1616.

682 De Leone Belgico ejusque Topographica atque Historica descriptione ab anno 1559. ad annum 1586. auctore Michaële Aitsingero. *Coloniæ*, 1588.

683 Principes Hollandiæ & Westfrisiæ ab anno 1363. & primo Comite Theodorico usque ad Philippum IV. Hispaniarum Regem. *Hartemi*, 1650.

HISTORIA HISPANICA ET LUSITANICA.

684 Hiſpania Illuſtrata. *Francofurti*, 1603. 3. *vol.*

685 Coronica general de Toda Eſpana y Eſpecialmente del Reyno de Valencia, por Ant. Benter. *En Valencia*, 1604.

686 Hiſtoire générale d'Eſpagne juſques à la Conquête de Portugal, faite par Philippe II. avec la Généalogie des Princes qui ont dominé en Eſpagne, par Loys de Mayerne Turquet. *Paris*, 1608.

687 Hiſtoria general de Eſpana, por Mariana. *En Madrid*, 1670.

688 Theatrum Regium, ſive Regem Hiſpaniæ Series, auctore Lambertino. *Bruxellæ*, 1628.

689 Epitome de la Cronica del Rey Don Juan II. de Caſtilla, por Joſeph Martinez de la Puento. *Madrid*, 1678.

690 Iſtoria del Apoſtol de Jeſus Chriſto Sanct. Jago Zebedeo Patron y Capitan general de las Eſpanas, por Mauro Caſtella Ferreo. *En Madrid*, 1610.

691 Examen de la Verdad en repueſta à los tradatos de los derechos de la Reyna Criſtianiſſima, por Pedro Gonçalez de Salcedo.

692 Reſpueſta de Eſpanna ſobre las pretentiones de la Reyna Criſtianiſſima. 1667.

693 Jo. Jacobi Chiffletii opera Politico Hiſtorica. *Antuerpiæ*, 1547. 2. *vol.*

694 Vindiciæ Hiſpanicæ, auctore Jo. Jacobo Chiffletio. *Antuerpiæ*, 1647.

695 Memorial de la Caſa y ſervicios de D. Joſeph,

de Saavedra, por D. Joseph Pellicer de Torao. *En Madrid*, 1647.
696 Discertacion Historica por la Patria de Paolo Orosio Discipulo y Amigo de St. Geronymo de Malmastes. *Barcelona*, 1702.
697 Cister Militante en la Iglesia contra la Saracena furia Istoria general de las Cavallieras del Templo de Salomon Calatrava, Alcantera, Avis, Montesa y Cristo, por Miguel Ramon Zabatta. *Carragoça*, 1662.
698 Fondacion de la Capilla de la Madre di Dios del Pilao, por el Padre Diego Murillo de la Orden de St. Francisco, continent el Viage del Apostol. Sant. Jago à Espana. *En Barcelona*, 1616.
699 Historia de la Imperial nobilissima Civitad. de Toledo. *En Madrid*, 1654.
700 Historia de la Muy nobile Cividad ede Cuença, por Juan Pabbo Martyrico. *En Madrid*, 1629.
701 Historia de la grandesas de la Cividad de Avila, por el Padre Fay Luisanz Mongebenito. *En Alcala*, 1607.
702 Pro insigni communitate Beneficiatorum Ecclesiæ B. Mariæ de Mari Barcinonæ, contra ejusd. Ecclesiæ Capellanos Facti & Juris discursus, auctore Jo. Ayats. *Barcinonæ*, 1647.
703 Le premier Volume de la Toison d'Or, par Guillaume, Evêque de Tournay. *Paris*.
704 Historia de Portugal, restaurado por D. Louis de Menezes. *Lisboa*, 1679.
705 Histoire de Portugal, traduit du Latin de J. Ozorius, par Simon Goulars. *Paris*, *Fr. Estienne*, 1581.
706 Jus Succedendi in Lusitaniæ Regnum Dominæ

Catharinæ Regis, Emanuelis ex Eduardo filio nepotis, Doctorum Conimbricentium Sententiis confirmatum. *Parif.* 1641.

707 De Rebus Emanuelis Regis Lusitaniæ virtute & auspicio gestis, auctore Hier. Osorio. *Olisippone*, 1621.

708 Nobilario de D. Pedro Conde de Bracellos Hijo del Rey D. Dionis de Portugal, por Juan Lavana. *En Roma*, 1640.

HISTORIA BRITANNICA.

709 Nouveau Théatre de la Grande-Bretagne, ou Description exacte des Villes, Eglises, Cathedrales, Hôpitaux, Ports de Mer, & de la Grande-Bretagne. *Londres*, 1714.

710 Historiæ Anglicanæ, scriptores per Rogerium Twysden. *Londini*, 1652.

711 Flores Historiarum per Mathæum Westmonasteriensem, Collecti, præcipuè de Rebus Britannicis ab Exordio Mundi, ad annum 1307. *Londini*, 1590.

712 A complete History of England. *London*, *Richard Parker*, 1706. 3. *vol.*

713 Polidori Vergilii Urbinatis Anglica Historia, usque ad annum 1538. *Basileæ*, 1570.

714 De Vita & Rebus gestis Principis Guilielmi Ducis Novocastrensis Commentarii ab Excellentissima Principe Marguereta ejus uxore conscripti. *Londini*, 1668.

715 Alfredi magni Anglorum Regis Vita, auctore Jo. Sphelmaun. *Oxonii*, 1678.

716 Provinciale seu Constitutiones Angliæ, cum summariis atque adnotationibus, editore Guill.

Lyndewode. *Londini*, 1525.
717 A Diſplay of Heraldry By Tho ſtudi of Johun Gillein illuſtratud of thé nobility of England With divers of Thé Gentry. *London*, 1679.
718 The Inſtitution Laws & Ceremonies of the Moſt noble order of the Garter, by Elias Athmole. *London*, 1672.
719 Hiſtoria Anglicana Politica & Eccleſiaſtica ad noſtra fere Tempora deducta, auctore Nic. Harpsfeldio. *Duaci*, 1622.
720 Flores Hiſtoriæ Eccleſiaſticæ gentis Anglorum auctore Richardo Smitheo Epiſc. *Pariſ.* 1654.
721 Fides Regia Britannica, ſive Annales Eccleſiæ Britannicæ, auctore Michaële Alfœdo. *Leodii*, 1663.
722 Diſceptatio Hiſtorica de Antiquitate Ordinis Monachorum Nigrorum Sancti Benedicti in Anglia. *Duaci*, 1626.
723 Concilia, Decreta, Leges, Conſtitutiones in Re Eccleſiarum Orbis Britannici, opera Henr. Spelmanni. *Londini*, 1639.
724 The Antiquities of Canterbury or a Surrey of that ancient City With the ſuburbs and Cathedral by the induſtry of William Somner. *London*, 1703.
725 The Hiſtory of Sti. Pauls Cathedral in London By William Dugdale. *London*, 1716.
726 Sacra Exequialia in funere Jacobi Magnæ Britanniæ Regis exhibita à Card. Barberino. *Romæ*, 1702.
727 An Hiſtory of the Life of James Duke of Ormonde Prom his Birth in 1610. his death. in 1688. *London*, 1736. 2. *vol.*
728 A Collection of Letters Written by the Kings Charles I. and II. the Duke of Ormonde, &c. *London*, 1735.

719 Scotorum Historia à prima Gentis origine, auctore Hectore Bœthio. *Paris.* 1575.

HISTORIA EXTERRARUM ORBIS PARTIUM.

730 Athanasiii Kircheri Soc. Jesu, China Illustrata. *Antuerpiæ*, 1667.

731 Historia Oriental de las Peregrinationes de Fernan: Mendez Pinto Traduzido de Portuguez en Castellano, por Fr. de Herera. *En Madrid*, 1620.

732 Navigantium atque itinerantium Bibliotheca. *London*, 1705.

733 Historia de la Conquista de Mexico, por D. Ant. Desolis. *Barcelona*, 1691.

734 Historia general del Peru, escritta por el ynca Garcilasso de la Vega. *En Cordoua*, 1617.

735 Commentarios del origen de los yncas Reyes del Peru, por el ynca Garcilasso de la Vega. *En Lisboa*, 1609.

INSCRIPTIONES ANTIQUÆ.

736 Jani Gruteri Inscriptiones Antiquæ. *Ex off. Commeliana.* 2. *vol.*

737 Reinesii Syntagma Inscriptionum Antiquarum. *Lipsiæ*, 1682.

738 Prideaux Marmora Oxoniensia. *Oxonii*, 1670.

NUMISMATA.

739 Spanhemii Numismata. *Londini & Amstelodami*, 1717. 2. *vol.* C. M.

740 Dialoghi di D. Antonio Agostini in Torno alle Medaglie. *In Roma.*

741 Hub. Goltzii opera omnia. *Antuerpiæ*, 1644. 5. *v.*

742 C. Patini Familiæ Romanæ. *Parif.* 1663.

743 Imperatorum Romanorum Numismata, per Car. Patinum. *Amstel.* 1696.

744 Numismata Imperatorum, Augustarum, &c. per Jo. Vaillant, Doct. Med. *Amstelodami*, 1700.

745 Numismata Imperatorum Romanorum, opera & studio Ans. Bandurii. *Parisiis*, 1718. 2. *vol.*

746 Numismata in Coloniis, Ant. Vaillant. *Paris.* 1688. 2. *vol.*

747 Gotha Numaria. *Amstel.* 1730. *C. M.*

748 Museo Farnese, dal P. Paulo Pedrusi Soc. Jesu. *In Parma*, 1694. 10. *vol.*

ANTIQUITATES.

749 L'Antiquité Grecque & Romaine, expliquée par Dom Bernard de Montfaucon, avec le Supplement. *Paris*, 1719. *& suiv.* 15. *vol. gr. pap.*

750 Jac. Sponii Miscellanea eruditæ antiquitatis. *Lugduni*, 1685.

751 Musæum Romanum Angelii Causei de la Chausse. *Romæ*, 1707.

752 Admiranda Romanarum antiquitatum Vestigia. 1693.

753 Colomna Trajanai Imperatoris.

754 Raph. Fabretti de Columna Trajani Syntagma. *Romæ*, 1690.

755 Veteres Augustorum Arcus Triumphales. *Romæ*, 1690.

756 Roma Sotteranea. *In Roma*, 1632.

757 Bellorii le Pitture antiche, antichi Sepolcri antiche Lucerne. *In Roma*, 1699. 3. *vol.*

758 Blondi Flavii de Roma Triumphata. *Basileæ*, 1559.

759 Onuphrius Panvinus de Ludis Circensibus & triumphis. *Patavii*, 1681.

760 Licetus de Lucernis. *Utinii*, 1652.

Bibliothecarii.

761 Photii Bibliotheca. *Rothomagi*, 1652.

762 Antonii Possevini è Soc. Jesu Apparatus Sacer. *Col. Agrip.* 1608. 2. *tom. en un vol.*

763 Antonii Possevini Bibliotheca Selecta. *Colon. Agrip.* 1607.

764 Bibliotheca Napoletana, di Nicolo Toppi. *Napoli*, 1678.

765 Jo. Balei Scriptores illustres majoris Britanniæ. *Basileæ*, 1557.

766 Nic. Antonii Bibliotheca Hispana vetus & nova. *Romæ*, 1672. 4. *tom. en* 3. *vol.*

767 Ambrosii de Altamura Bibliotheca Ordinis Prædicatorum. *Romæ*, 1677.

768 Lucæ Waddingi de Scriptoribus Ordinis Minorum. *Romæ*, 1650.

769 Philippi Alegambe continuatio Bibliothecæ Scriptorum Soc. Jesu, ab anno 1608. usque ad annum 1642. *Antuerpiæ*, 1643.

770 Bibliotheca Scriptorum Soc. Jesu, à Natanaele Sotwello. *Romæ*, 1676.

771 Julii Bartoloccii Bibliotheca magna Rabinica. *Romæ*, 1675. 5. *vol.*

772 Thom. Smith. Catalogus Librorum Manuscriptorum Bibliothecæ Cottonianæ. *Oxonii*, 1696.

773 Thomæ Hide Catalogus impressorum Librorum Bibliothecæ Bodlejanæ in Academia Oxoniensi. *Oxonii*, 1674.

773 Catalogus Librorum tam impressorum quam Manuscriptorum Bibliothecæ Publicæ Universitatis Lugduno Batavæ. *Lugd. Bat.* 1716.

774 Index Librorum prohibitorum & expurgandorum novissimus. *Madriti*, 1567.

775 Vincentii Placcii Theatrum Anonymorum & Pseudonymorum. *Hamburgi*, 1708.

THEOLOGIA *in-quarto.*

BIBLIA SACRA.

777 Biblia Hebraïca. *Parif. Rob. Steph.* 1543. 4. *vol.*

778 Novum Testamentum Græcum, cum notis Josephi Scaligeri. *Genevæ*, 1620.

779 Vetus Testamentum Græcè, cura Lamberti Bos. *Franequeræ*, 1709.

780 Vetus Testamentum Græcè, cura Jacobi Breitingeri. *Tiguri*, 1730. 4. *vol.*

781 Biblia Vulgatæ editionis. *Venetiis*, 1487.

782 Biblia Sacra Vulgatæ editionis. *Parif. ex Typ. Regia*, 1653.

783 Biblia Latina Vulgatæ editionis, cum Tabulis Geographicis Augustini Lubin. *Parif. Vitré*, 1666.

784 Biblia Sacra Vulgatæ editionis Sixti V. jussu recognita, & Clementis VIII. auctoritate edita. *Lugduni*, 1688.

785 Liber Psalmorum Davidis Regis & Prophetæ, ex Idiomate Syrio in Latinum translatus, à Gabriele Sionita. *Parif.* 1625.

786 Idem. *Romæ*, 1614.
787 La Sainte Bible, traduite en François sur la Vulgate, avec des Notes courtes tirées des SS. PP. & la Concorde des quatre Evangelistes. *Bruxelles*, *Foppens*, 1700. 3. *vol.*
788 Le Livre de Job traduit en François, avec des Notes Litterales, par Theodore Crinzoz. *Roterdam*, 1729.
789 Le Pseautier de David, avec les Hymnes & Cantiques de toute l'Année. *Paris.* 1586. *mar. r.*
791 Biblia en Lingua Espagnola. 1569.
792 Concordantiæ Bibliorum Sacrorum emendatæ, à Francisco Luca & Huberto Phalesio. *Lugduni*, 1701.

Critici S. Scripturæ.

793 Histoire Critique du vieux Testament, par Richard Simon de l'Oratoire. *Roterdam*, 1686. 4. *vol.*
794 Recueil de différentes Piéces concernant le Nouveau Testament de Mons. 3. *vol.*
795 Antonii Vandale dissertatio super Aristea de septuaginta interpretibus. *Amstelodami*, 1705.

INTERPRETES IN S. SCRIPTURAM.

796 Talmud Babylonicum. *Amst.* 1644. 9. *vol. mar. rouge.*
797 Kabbala Denudata. *Sulzbaci*, 1677. 4. *vol.*
798 De Legibus Hebræorum Ritualibus, & earum rationibus libri tres, auctore Joanne Spencero. *Hagæ-Comitum*, 1686.
799 Caroli Sigonii de Republica Hebræorum libri

septem. *Bononiæ*, 1582.

800 De Successionibus in bona defuncti, ad Leges Hebræorum.

801 Revelator Arcanorum, ubi illustriora Pentateuchi Oracula explicantur, ab Antonio Crequuto, Pastore in Ecclesiâ Diensi. *Genevæ*, 1661.

802 Rabbi Davidis Kimhi Commentarii in Psalmos Davidis, ex Hebræo Latini redditi à D. Ambrosio Janvis Benedictino. *Paris.* 1666.

803 Liber Psalmorum cum Argumentis, paraphrasi & annotationibus Lud. Ferrandi. *Paris.* 1701.

804 Interpretation des Pseaumes, avec la Vie de David, par M. l'Abbé de Choisy. *Paris*, 1687.

805 Cornelii Jansenii Episcopi Yprensis Commentarius in Sancta Christi Evangelia. *Paris.* 1677.

806 Commentaire Litteral sur tous les Livres de l'ancien & du nouveau Testament, par Augustin Calmet Benedictin. *Paris*, 1707. *gr. pap. lavé & reglé*, 44. *vol. mar. r. On a inseré dans cet Exemplaire les figures de la premiere édition de la Bible de Mortier.*

807 Censura Librorum Apochryphorum veteris Testamenti adversùm Pontificios, in primis Rob. Bellarminum, à Joanne Rainaldo Anglo. *Oppenheimo*, 1611. 2. *vol.*

808 Apparatus in Revelationem Jesu Christi, nova & admirabilis ratio investigandi Prophetiarum mysteria scriptura se ipsam, interpretante auctore Guill. Alabastro Anglo. *Antuerpiæ*, 1607.

809 Paraphrasis Josephi Jachiadæ in Danielem cùm versione & annotationibus Constanti l'Empereur, ab Oppyck. *Amstelodami*, 1633.

810 Commentaires de Jean Calvin sur la Concorde, ou Harmonie des quatre Evangelistes. *Geneve*, 1562.

LITURGICI.

811 Liturgiarum Orientalium Collectio, opera Eusebii Renaudottii. *Parif.* 1716. 2. *vol.*

812 Leonis Allatii de Libris Ecclesiasticis Græcorum dissertationes duæ. *Parif.* 1645.

813 Musæum Italicum, à D. Joan. Mabillon, & Domino Michaële Germain. *Parisiis*, 1687. 2. *vol.*

814 Gabriel Biel super Canone Missæ cùm additionibus. *Lugduni*, 1527.

815 Thesaurus Sacrorum Rituum, seu Commentaria in Rubricas Missalis Romani, auctore Bartholomæo Gavanto. *Lugduni*, 1664.

816 Joannis Bonæ Cardinalis opera omnia. *Antuerpiæ*, 1677.

817 Breviarium Romanum. *Parif. Typ. Regiis*, 1647. 4. *vol. mar. noir.*

818 Breviarum Romanum Urbani octavi, auctoritate recognitum. *Antuerpiæ*, *ex off. Plant.* 1698. 2. *vol. mar. noir.*

819 Octavarium Romanum, à Bartholomæo Gavanto compilatum. *Parif.* 1652.

820 Breviarium Romanum. *Lugduni*, 1684. 4. *vol. mar. r.*

821 Graduale Romanum. *Parif.* 1655.

822 Antiphonarium Romanum. *Parisiis*, 1660. 2. *vol.*

823 Codices Sacramentorum, curâ & studio Josephi Mariæ Thomasii Congreg. Clericorum Regularium Presbyteri. *Romæ*, 1680.

824 Divi Gregorii Papæ Liber Sacramentorum, opera & studio Fr. Hugonis Merardi Benedictini. *Parif.* 1642.

825 Breviarium Ambrosianum Sancti Caroli jussu

editum & recens recognitum. *Mediolani*, 1588.

826 De Liturgia Gallicana Libri tres, opera & studio Domni Mabillon. *Lutetiæ*, 1685.

827 Rituale Parisiense ad Romanam formam expressum, auctoritate DD. Joan. Francisci de Gondy, Parisiens. Archiepiscopi. *Paris.* 1647.

828 Rituale Parisiense, auctoritate DD. Lud. Ant. de Noailles, Archiepiscopi Parisiensis editum. *Paris. Josse*, 1697.

829 De Campanis Commentarius, à Fr. Anglo Roccha, Episcopo Tagastensi eleccubratus. *Romæ*, 1612.

830 Officium B. Mariæ Virginis nuper reformatum & Pii V. jussu editum ad instar Breviarii Romani sub Urbano VIII. recogniti. *Venetiis*, 1642.

831 L'Office de la Sainte Vierge à l'usage de l'Eglise Romaine. *Paris*, 1586.

832 Missale secundum institutionem Sanctissimi Pastoris Mediolanensium Ambrosii. *Mediolani*, 1548.

833 Additio eorumquæ in Breviario, Mediolanensi, recens edito vel addita de novo vel immutata sunt. *Mediolani*, 1626.

834 Rituale Sacramentorum ad usum Mediolanensis Ecclesiæ. *Mediolani*, 1645. *mar. r.*

835 Cæremoniale Ambrosianum jussu DD. Frederici Cardinalis Borromæi editum. *Mediolani*, 1619.

836 Ordo admittendi Virgines ad Monasterii ingressum, habitumque regularem suscipiendi, &c. in Provincia Mediolanensi. *Mediolani*, 1724.

837 Regole d'Alenui Capi necessarii & piu frequenti per l'osservanza delle sacre Ceremonie, & del Canto Fermo Ambrosiano. *In Mediolano*, 1622.

838 Psalterium, Cantica & Hymni, aliaque ritu Ambrossiano divinis Officiis psallendis communia, modulationibus opportunis notata. *Mediolani*, 1619.

SANCTI PATRES.

839 J. Cottellerii Ecclesiæ Græcè, monumenta & analecta Græca. *Paris.* 1677. 4. *vol.*

840 Sancti Barnabæ Apostoli Epistola, à P. Hugone Menardo Benedictino edita. *Paris.* 1645.

841 Origenis contra Celsum Libri octo, ejusdem Philocalia Gr. Lat. cum notis, per Guillelmum Spencerum. *Cantabrigæ*, 1648.

842 Sancti Asterii Homiliæ Græcè & Latinè, Phil. Rubenio interprete. *Antuerpiæ*, 1615.

843 Sancti Nili Epistolæ Gr. Latinè, opera & studio P. Possini Soc. Jesu. *Paris. Typ. Reg.* 1657.

844 Beati Patris Cyrilli Patriarchæ Alexandrini opus insigne in Evangelium Joannis, à Gregorio Trapezuntio traductum. *Paris.* 1521.

845 Græcia Orthodoxa, à Leone Allatio. *Romæ*, 1652. 2. *vol.*

846 Arnobius adversus gentes, cum recensione & integris omnium Commentariis. *Lugd. Batav.* 1651.

847 Sancti Pontii Meropii Paulini, Nolani Episcopi opera. *Paris.* 1685.

848 Sancti Leonis Papæ opera omnia. *Parisiis*, 1625. 2. *vol.*

849 Sancti Fulgentii opera. *Parisiis*, 1684.

850 Sanctorum Patrum de Gratia Christi & Libero Arbitrio dimicantium trias, collectore Paulo Erynacho. 1648.

851 Petri Abelardi & Heloissæ ejus conjugis opera, *Paris.* 1616.

Theologi Scholastici & Morales.

852 Summa Beati Antonini Archiepiscopi Florentini, cùm variis indicibus. *Venetiis*, *Juntas*, 1571. 4. *vol.*

853 Melchioris Cani opera. *Parif.* 1704.

854 Florentii Convii Hiberni Archiep. Tuamensis Peregrinus Jerichuntinus H. E. de Naturâ humanâ. *Parif.* 1641.

855 Nicolaii de Clemangiis opera omnia. *Lugduni*, 1693.

856 Michaelis Baii opera, cùm Bullis Pontificum & aliis ipsius causam spectantibus. *Coloniæ Agrip.* 1696.

858 Abregé de la Théologie, par le P. Amelotte. *Paris*, 1675. *mar. r.*

861 Joannis Launoii Theologi de Sacramento Unctionis infirmorum liber. *Lutetiæ*, 1673.

862 Jacobi de Sancte Beuve Tractatus de Sacramentis Confirmationis & Unctionis Extremæ. *Lutetiæ*, 1686.

863 De Auxiliis Divinæ Gratiæ & Humani Arbitrii Viribus & libertate, ac legitimâ ejus, cùm efficaciâ eorumdem auxiliorum Concordiâ, auctore Fr. Didaco Alvarez. *Col. Agrip.* 1622.

864 F. Ignatii Hyacinthi Amat de Graveson Epistolæ ad Amicum scriptæ, Theologico-Historico, Polemicæ. *Romæ*, 1728. 2. *vol.*

865 Stephani Gradii Ragusini Bibliothecæ Vaticani Præfecti disputatio de opinione probabili, cùm P. Honorato Fabri Soc. Jesu. *Romæ*, 1678.

866 Résolution de plusieurs Cas de conscience touchant la Morale & la Discipline de l'Eglise, par

M. Jacques de Sainte Beuve. *Paris*, 1689. 3. *vol.*

867 Le fidéle Chrétien, ou Doctrine Céleste & Morale, par Angelbert Desmarez, Pasteur de Velaine. *Mons*, 1674.

868 Le Secret de la Prédestination sur le petit nombre des Elûs, par le P. Phil. Chatru Jesuite. *Paris*, 1659.

869 Pratique de la Perfection Chrétienne du P. Rodriguez Jesuite, par M. l'Abbé Regnier des Marais. *Paris*, 1688. 3. *vol.*

870 Mistica Ciudad de Dios Historia Divina, y vida de la Virgen Madre de Dios, por la Sor Maria de Jesus d'Agreda. *En Perpignan*, 1690. 4. *vol.*

871 La Bibliotheque des Predicateurs, par le P. Houdry. *Lyon*, 1715. 21. *vol.*

873 Isidori Clarii, Episcopi Fulginatis in Sermonem Domini, in monte habitum, secundum Mathæum Orationes sexagenta novem. *Venetiis*, 1566. 2. *vol.*

Polemici singulares tàm Orthodoxi quam Heterodoxi.

874 Philippi à Limbroch de Veritate Religionis Christianæ amica collatio, cùm erudito Judæo. *Goudæ*, 1687.

875 Christophori Wittichii Antispinosa, sive examen & hices Benedicti de Spinosa, & Commentarius de Deo & ejus attributis. *Amstelodami*, 1690.

876 Panoplia Stephani de Altimura contra Schisma Græcorum. *Paris.* 1718.

877 Leonis Allatii de Ecclesiæ Occidentalis atque Orientalis perpetua consensione libri tres. *Col. Agrip.* 1648.

878 Fides Ecclesiæ Orientalis. *Parif.* 1671.

879 Lettres d'un Docteur Allemand de l'Université Catholique de Strasbourg à un Gentilhomme Protestant, sur les six Obstacles au Salut, qui se rencontrent dans la Religion Lutherienne.

880 Religio opponitur irreligioni. *Romæ*, 1685.

881 Apologia pro Sanctis Ecclesiæ Patribus, adversus Joannem Dallæum de usu Patrum, &c. *Londini*, 1672.

882 Notarum Spongia, auctore Corn. Jansenio, Episc. Iprensi. *Lovanii*, 1666.

883 Dialogi sex contra summi Pontificatus, Monasticæ vitæ, &c. oppugnatores ab Alanocopo Londinensi editi. *Antuerpiæ*, 1573.

884 Instruction sur le Sacrifice de la Messe, par M. de Montgaillard, Evêque de Saint Pons. *Toulouse*, 1686.

885 Censura Generalis edita à Supremo Senatu Inquisitionis in Hispania contra errores quibus recentes Hæretici Sacram Scripturam asperserunt. *Venetiis*, 1562.

886 Réfutation du Catechisme du sieur Paul Ferry, Ministre, par Jacques-Benigne Bossuet. *Metz*, 1655.

887 Les principaux Points de la Foi de l'Eglise Catholique deffendus contre l'Ecrit adressé au Roi par les quatre Ministres de Charenton, par M. le Cardinal de Richelieu. *Chalons*, 1683.

888 Paralelle de l'Hérésie des Albigeois & du Calvinisme, par Monsieur de la Valette. *Paris*, 1686.

889 Volkelii Tractatus de diversa Religione, auc-

tore J. Crellio Franco. *Cracoviæ*, 1630.

890 Apologeticum ad Germanos pro Religionis Catholicæ pace atque ſolida Eccleſiarum in vero Chriſti Evangelio Concordia, auctore Reverend. Domino Willelmo Lindano. *Antuerpiæ*, 1568.

891 Apologia Proteſtantium pro Romanâ Eccleſiâ, per Joannem Brerleium Anglum. *Lutetiæ*, 1615.

892 Préjugés légitimes contre le Papiſme. *Amſterdam*, 1685.

893 Theſaurus diſputationum Theologicarum in almâ Sedanenſi Academia habitarum. *Genevæ*, 1661. 2. *vol.*

894 Syntagma Theſium Academia Salmurenſis. *Carentonii.*

895 De l'Inſtitution, Uſage & Doctrine du Saint Sacrement de l'Euchariſtie en l'Egliſe Ancienne, par Philippes de Mornay. *A la Rochelle*, 1598.

896 Hiſtoire de l'Euchariſtie. *Amſterdam*, 1669.

897 Joannis Dallæi de duobus Latinorum ex Unctione Sacramentis, Confirmatione & Extremâ, ut vocant, unctione diſputatio. *Genevæ*, 1659.

898 Vinditiæ Epiſtolarum Sancti Ignatii, auctore Joan. Perſon Preſbytero. *Cantabrigiæ*, 1672.

899 Apologia pro Sententia Hieronymi de Epiſcopis & Preſbyteris, auctore Davide Blondello. *Amſtelod.* 1646.

900 Le Catholique Orthodoxe oppoſé au Catholique Papiſte, par André Rivet, Paſteur de l'Egliſe de Thouars. *Saumur*, 1616.

901 Nouveauté du Papiſme oppoſée à l'antiquité du vrai Chriſtianiſme, contre le Livre de M. le Cardinal du Perron, intitulé : *Replique à la reponſe du Roi Jacques I.* par Pierre du Moulin. *Geneve*, 1633.

902 Traité de la Paix de l'Ame, & du Contentement de l'Esprit, par Pierre du Moulin le fils. *Sedan*, 1660.

903 La Discipline des Eglises Reformées de France, où l'ordre par lequel elles sont conduites & gouvernées. *Saumur*, 1657.

904 Conformité de la Discipline Ecclesiastique des Protestans de France, avec celle des Anciens Chrétiens. *Quevilly*, 1678.

905 Polygamia Triumphatrix, auctore Theophilo Alethæo, cum notis Athanasii Vincentii. *Londini*, 1684.

JURISPRUDENTIA

In-quarto.

CONCILIA.

906 Historia Conciliorum Generalium; auctore Magistro Edmundo Richerio. *Coloniæ*, 1683. 3. *vol.*

907 Francisci Torrensis de Actis veris Sextæ Synodi dequæ Canonibus qui ejusdem Sextæ Synodi falso esse feruntur & de septima Synodo atque multiplici octava liber. *Florentiæ*, 1551.

908 Gennadii Sholarii Patriarchæ Constantinopolitani deffensio quinque Capitum quæ in Sancta

& Oecumenica Florentina Synodo continentur, Fabio Benevolentio Senensi interprete. *Romæ*, 1579.

909 Acta Constanciensis Concilii illustrata per Emanuelem à Schelstrale. *Antuerpiæ*, 1683.

910 Histoire du Concile de Trente, traduite de Fr. Paolo Sarpio, avec des Remarques Historiques, Politiques & Morales de M. Amelot de la Houssaie. *Amsterdam*, 1683.

911 La même, avec les Notes du P. Courayer. *Amst.* 1736. 2. *vol.*

912 Concilium Provinciale Neapolitanum, à Jacobo Cardinali Cantelmo Archiepis. Neapolitano in Sancta Metropolitana Ecclesia, Neapolis celebratum 1699. *Romæ*, 1700.

913 Concilium Provinciale Ebreduni habitum anno 1717. *Gratianopoli*, 1728.

914 Apostolicarum Pii V. Epistolarum Libri V. opera Franc. Goubeau. *Antuerpiæ*, 1640.

JUS CANONICUM.

915 Juris Canonici Theoria & Praxis, auctore Jo. Cabassutio. *Paris.* 1703.

916 Institutiones Juris Canonici, auctore Jo. Paulo Lancelotto. *Tolosæ*, 1671.

917 Juris Canonici Selecta & eorum quæ ad usum Fori Gallicani pertinent, Brevis comprehensio seu summa, auctore J. P. de Maurize. *Parisiis*, 1661.

718 Explication de la Bulla de la Sancta Cruzada, por el padre Bernabo Gallego de Vera dell' Orden de Prædicatores. *Madrid*, 1652.

919 Le Songe du Vergier. *Paris*, 1491.

920 Jo. Launoii Regia in Matrimonium poteſtas. *Pariſ.* 1674.

921 In Librum Jo. Launoii qui Inſcribitur Regia in Matrimonium poteſtas, obſervationes. 1678.

922 Onuphrii Pauvinii Veronenſis de Primatu Petri & Apoſtolicæ Sedis poteſtate libri tres. *Veronæ*, 1589.

923 Claudii Salmatii de Primatu Papæ. *Lugd. Bat. ex off. Elzeviriorum*, 1645.

924 Deffenſe de la Juſtice, de la Souveraineté du Roi, de la Sentence du Souverain Conſeil de Braban, & du Droit des Eccléſiaſtiques, dans la Cauſe de M. Guillaume de Vandeneſſe, Paſteur de Sainte Catherine de Bruxelles, contre M. l'Archevêque de Malines. 1708.

926 De Monogamia Epiſcopali & unitate Eccleſiaſtica diſſertatio, ſeu inſignis Eccleſiæ Lingonenſis divortium pia ac neceſſaria defenſio, auctore Andrea de Sauſſay. *Pariſ.* 1672.

927 Tractatus de poteſtate Juriſdictionis, ſeu de Regimine Animarum, ac de Juriſdictione contentioſa. *Romæ*, 1707.

928 Examen de certains Privileges & autres Piéces pour ſervir au Jugement du Procès qui eſt entre Monſeigneur l'Archevêque de Paris & les Moines de Saint Germain-des Prez.

929 Conſultation faite par un Avocat du Diocèſe de Saintes à ſon Curé, ſur la diminution du nombre des Fêtes ordonnées dans ce Diocèſe.

930 Recueil de toutes les Piéces qui concernent le different du P. Jacques des Mottes, Jeſuite d'Amiens, avec les Curez de la même Ville, touchant la Confeſſion Paſchale, avec le Jugement définitif de Monſeigneur l'Archevêque de Reims. *Paris*, 1687.

931 Malleus Maleficarum. *Lugduni*, 1669. 3. *vol.*
932 De Antiquis Monachorum ritibus Libri V. opera & studio D. Edmundi Martene Benedictini. *Lugduni*, 1690.
933 Eclaircissement de quelques difficultés que l'on a formées sur le Livre de la Sainteté des Devoirs de la Vie Monastique. *Paris*, 1685.
934 La Régle de Saint Benoît, nouvellement traduite & expliquée selon son véritable Esprit, par l'Auteur des Devoirs de la Vie Monastique. *Paris*, 1689. 2. *vol.*
935 Concordia Regularum, auctore S. Benedicto Anianæ Abbate. *Paris.* 1638.
936 Arrêt du Conseil d'Estat, le Roi y seant, sur les troubles & differens mûs en l'Ordre de Fontevrault. *Paris*, 1641.

JUS CIVILE.

937 Antonii Peresii in XII. Libros Codicis Justiniani Imperatoris. *Amstelod. apud Elzevirios.* 2. *vol.*
938 Institution du Droit Romain & du Droit François, avec les Remarques de François de Launay, Avocat. *Paris*, 1636.
939 Abregé de la Jurisprudence Romaine, avec son Rapport à ce qui est de notre usage, par Ch. Colombet, Conseiller au Parlement. *Paris*, 1688.
940 La Jurisprudence des Nouvelles de Justinien, conferée avec les Ordres Royaux, par Cl. de Ferriere. *Paris*, 1688. 2. *vol.*
942 Oeuvres de J. B. Dantoine, ou les Régles du Droit Civil traduites en François, avec des Ex-

plications & des Commentaires sur chaque Régle. *Lyon*, 1710. 2. *vol.*

943 Tractatus de Usura & Fœnore, auctore Jac. Gaitte. *Paris.* 1688.

944 Jo. Baptistæ Hansenii de Jure Jurando veterum Tractatus. *Tolosæ*, 1614.

945 Traité de la subrogation de ceux qui succedent au lieu & place de Créanciers, par Philippes Dernusson, Avocat. *Paris*, 1702.

946 Traité des Propres réels, par le même. *Paris*, 1714.

947 Traité du Douaire & de la Garde Noble & Bourgeoise, par le même. *Paris*, 1699.

948 Traité de la Preuve par Témoins en matiere Civile, par M. Danty, Avocat, & le Traité de la Preuse par comparaison d'Ecritures, par M. le Vayer. *Paris*, 1715.

949 Marculfi Monachi aliorumque auctorum Formulæ veteres editæ ab Hieronymo Bignonio cum notis. *Paris.* 1665.

950 Ordonnances de Louis XIV. du mois d'Août 1670. pour les Matieres Criminelles. *Paris*, 1670.

951 Recueil de Réglemens concernant les Manufactures du Royaume. *Paris*, *Imprimerie Royale*, 1730. 4. *vol.*

952 Procès-Verbal des Conferences tenuës par Messieurs les Commissaires du Roi & Messieurs les Députés du Parlement pour l'Examen des Articles proposés pour la composition de l'Ordonnance Civile du mois d'Avril 1667. & de l'Ordonnance Criminelle du mois d'Août 1670. *Lille*, 1697.

953 Conferences des nouvelles Ordonnances de Louis XIV. avec celle des Rois ses prédecesseurs,

avec des Décisions & Annotations, par M. Philippes Bornier. *Paris*, 1681.

954 Indice des Droits Royaux, par Ragneau. *Paris*, 1600.

955 Maximes générales du Droit François, par M. Pierre de l'Hommeau. *Paris*, 1657.

956 Style universel de toutes les Cours & Jurisdictions du Royaume pour l'instruction des Matieres Civiles & Criminelles, par M. Gauret. *Paris*, 1686. & 1703. 2. *vol.*

957 Style du Conseil du Roi; suite du Style universel pour l'instruction des Matieres Civiles & Criminelles, par M. Gauret. *Paris*, 1700.

958 Les Oeuvres de Messire Gilles le Maître, par M. Claude Bernard, Avocat. *Paris*, 1673.

959 Arrêts notables de differens Tribunaux du Royaume, par Matthieu Augeard, Avocat. *Paris*, 1718. 3. *vol.*

960 Arrêts remarquables du Parlement de Toulouse, recueillis par M. J. de Castellan. *Toulouse*, 1705. 2. *vol.*

961 Recueil d'Arrêts notables du Parlement de Tournay, par Math. Pinault. *Valenciennes*, 1702. 2. *vol.*

962 Les Oeuvres de M. Jacques l'Eschassier, Avocat. *Paris*, 1651.

963 Plaidoyers & Harangues de M. le Maître, Avocat, mis au jour par Jean Issali, aussi Avocat.

964 Plaidoyers de M. N. de Corberon, Avocat Général au Parlement de Metz, & les Plaidoyers de M. Abel de Sainte Marthe. *Paris*, 1707.

965 Coûtumes du Bailliage de Bar. 1579.

966 Coûtumes de Chaalons, avec les Commentaires de Maître Louis Billecart, Avocat en Parlement. *Paris*, 1676.

967 Coûtumes du Duché & Bailliage de Touraine. *Paris*, 1561.

968 Stamina Juris Publici Romano-Germanico, à Jeremia Eberhardo Linckio. *Argentorati*, 1730.

969 Jo. Wolfangii Textoris Jus Publicum Cæsareum ac Statuum Imperii. *Tubingæ & Francofurti*, 1701. 2. *vol.*

970 Francisci Fridabandler Jurisprudentia Publica & privata. *Solisbaci*, 1672.

971 Adam Adami Relatio Historica Pacis Osnabrugo Monasteriensis. *Francofurti*, 1707.

972 Heninges Meditationes ad Instrumentum Pacis 1706. 2. *vol.*

974 Nicolai Hertii Dissertationes & Opuscula. *Francofurti*, 1716. 5. *vol.*

975 Eritii Mauritii Dissertationes & Opuscula. *Argentorati*, 1724.

977 Guillelmi Grotii Isagoge ad Praxim Fori Batavici illustrata paraphrasi ac suplementis, auctore Abrahamo de Pape. *Leodii*, 1701.

978 Leges Suecorum Gothorumque, per D. Regnaldum jugemundi 1481. Latinè primum donatæ nunc accuratiores editæ à Jo. Messenio. *Stockolmiæ*, 1514.

SCIENTIÆ ET ARTES

In-quarto.

POLITICA, MORALIS.

979 Aristotelis de Republica qui politicorum dicuntur Libri VIII. *Paris.* 1543.

980 Principis Christiani Archetypon Politicum, seu Sapientia Regnatrix, quam Regiis instructam documentis ex antiquo numismate Honorati Joannii Symbolicis Obrelatam integumentis. *Amstelodami*, 1672.

982 Arnoldus Clapmarius de Arcanis Rerum publicarum. *Francofurti*, 1624.

983 Lettere di Principi le quali si scrivono da Principi a principi. *In Venetia*, 1564.

984 Andreas Volanus de Libertate Politica, seu Civili. *Cracoviæ*, 1572.

985 Danielis Heinsii Libertas Sancia. *Lugd. Batav.* 1602.

986 Francisci de Marselaer Legatus. *Antuerpiæ, ex off. Plant.* 1626.

987 Para Todos Exemplos morales humanos y Divinos, por el Doctor van Perez de Mantelvan. *En Panpelona*, 1702.

988 Los nuevos Libros de los Exemplos y Virtudes Morales de Talerio Maximo, traduzidos y Comentados en Lingua Castellana, por Diego Lo-

pez. *En Madrid*, 1654.

989 Discorsi Morali di Agostino Mascardi sur la Tavola dicebete Tebano. *Venetia*, 1638.

990 Bœthius in usum Delphini, per Petr. Callyum. *Paris.* 1681.

991 Simplicii Commentarius in Enchiridion Epicteti cum versione Hieronymi Wolfii & Claudii Salmasii. *Lugd. Bat.* 1640.

992 Theophilacti Archiepiscopi Bulgariæ Institutio Regia, interprete Petro Possino Soc. Jesu. *Paris. è Typ. Regia*, 1651.

993 La Pratique de l'Education des Princes, par M. Varillas. *Paris*, 1684.

Metaphysica, Physica.

994 Examen de Ingenios. *Madrid*, 1668.

995 Essai Philosophique concernant l'Entendement Humain, traduit de l'Anglois de Locke, par P. Coste. *Amst.* 1700.

996 De l'Action de Dieu sur les Créatures : Traité dans lequel on prouve la prémotion Physique, par le Raisonnement, & où l'on examine plusieurs Questions qui ont rapport à la nature des Esprits & à la Grace. *Paris*, 1713.

997 Opus Scipionis Claramontis Cæsenatis de universo. *Col. Agrip.* 1644.

998 Lettres de M. Descartes, où sont expliquées plusieurs belles difficultés touchant ses autres Ouvrages. *Paris*, *Ch. Angot*, 1666.

999 Traité de Physique de Jacques Rohault. *Paris*, 1671.

1000 Observations Physiques & Métaphysiques envoyées des Indes & de la Chine à l'Academie

Royale des Sciences. *Paris*, *de l'Imp. Royale*, 1692.

1001 Liberti Fromondi Meteorologicon Libri VI. *Antuerpiæ*, *ex off. Plant.* 1627.

MATHEMATICA.

1002 L'Arithmétique Militaire, ou l'Arithmétique Pratique de l'Ingenieur, par le S. Clermont. *Paris*, 1733. *fig.*

1003 Petri Bungi Bergomatis numerorum Myſteria. *Pariſ.* 1618.

1004 Geometria à Renato Deſcartes, cum Commentariis Franciſci à Schooten. *Amſtelodami*, *apud Elzevir.* 1659.

1005 Principia Matheſeos univerſalis, ſeu introductio ad Geometriæ Methodum Renati Deſcartes, conſcripta ab Ev. Bartholino. *Amſtelodami.* 1659.

1006 Commentaire ſur la Geométrie de Deſcartes, par Claude Rabuel, de la Comp. de Jeſus. *Lyon*, 1730.

1007 Franciſci à Schooten exercitationum Mathematicarum libri quinque, quibus accedit Chriſtiani Hugenii Tractatus de Rationiis in aleæ Ludo. *Lugd. Bat. Jo. Elzevir.* 1657.

1008 Curvilineorum à Mœnior contemplatio nec non circuli Quadraturæ examen, à R. P. Greg. à Sancto Vincentio. *Lugduni*, 1654.

1009 { Lettre à Dettonville, contenant quelques-unes de ſes inventions de Geometrie. *Paris*, 1659.
Traité du Triangle Arithmétique, avec quelques autres petits Traitez ſur la même matiere, par M. Paſcal. *Paris*, 1665. 2. *v.* }

1010 Analyse des infiniment petits. *Paris, de l'Imprimerio Royale*, 1696.

1011 Elementa Matheseos universæ, auctore Christiano Wolfio. *Halæ Magdeburgicæ*, 1715.

1012 Le Mechaniche del' Illust. Sig. Guido Ubaldo, tradotto in Volgare dal Sig. Filippo Pigafetta. *In Venetia*, 1581.

1013 Nicolai Forest du Chesne Abbatis Florilegium universale Liberalium Artium, & Scientiarum, Philologicum, Mathematicum, Philosophicum & Theologicum. *Paris.* 1650.

1014 Respuesta Philosophica y Mathematica, por el Maestro de Campo Don Francisco Lorentz de Rada. *En Madrid*, 1695.

1015 M. Manilii Astronomicon, cum interpretatione ac figuris Michaël. Fayi, in usum delphini. *Paris.* 1679.

1016 Adriani Metii Alemar Primum nobile Astronomicè, Geometricè, &c. nova Methodo explicatum. *Amstelodami*, 1613.

1017 De Comitis & Prodigiosis eorum portentis, auctore Fr. Fernandes Rasco. *Madriti*, 1578.

1018 Brevis dissertatio de Cometa 1652. 1653. Andrea Argoli auctore. *Patavii*, 1653.

1019 Exactissimæ secundorum Mobilium Tabulæ, auctore Andreæ Argolo. *Patavii*, 1650.

1020 Exactissimæ Cœlestium motuum Ephemerides ad Longitudinem Almæ Urbis & Tichonis Brahæ Hypotheses, ab anno 1621. ad annum 1700. auctore Andrea Argolo. *Patavii*, 1652. 2. *vol.*

1021 Andreæ Argoli Ptolomeus Parvus. *Lugduni*, 1659.

1022 Tabulæ Astronomicæ, auctore Ph. de la Hire. *Paris.* 1687.

1023 Eædem Tabulæ. *Parif.* 1727.

1024 La Théorie des Longitudes, réduite en Pratique sur le Globe Céleste, par le P. Leonard du Liris. *Paris*, 1647.

1025 Theatro Naval Hydrographico de los Fluxos y Refluxos de las Corientes de los Maros. *Parif*, *Petro Giffey*, 1703.

1026 La Geomance de Christophe de Cattan, par Gabriel du Preau. *Paris*, 1577.

1027 Della Fisionomia del Huomo, del signor Battista. *In Padua*, 1623.

1028 Cefalogia Fisionomica di Cornelio Girardelli. *In Bologna*, 1630.

1029 Anselmi Petil Douxiel Speculum Physiognomicum. *Langres*, 1648.

1030 La Chiromance, la Physionomie & la Geomance, par le sieur Perruchio. *Paris*, 1663.

1031 La Geomance, par laquelle on peut prévoir, deviner, &c. *Lyon*, 1675.

1032 Tractatus de Fascinatione, auctore J. Fromman. *Norimbergæ*, 1675.

MEDICINA.

1033 Thomæ Willis Tractatus de Anima Brutorum quæ Hominis vitalis ac sensitiva est. *Londini*, 1672.

1034 Chilologia Historico Medica, hoc est, Chili Humani seu succi hominis nutritii consideratio Phisico-Medico Forensis, auctore D. Martino Shurigio. *Dresdæ*, 1725.

1035 Jo. Benedicti Sinibaldi Geneanthropeia. *Francofurti*, 1669.

1036 Le Miroir Exemplaire, & très-fructueuse Inftruction, selon la compilation de Gilles de Rome, très-excellent Docteur, du Régime & Gouvernement des Rois, Princes & Grands Seigneurs, & avec ce est compris le Secret d'Aristote, appellé le Secret des Secrets, envoyé au Roi Alexandre. *Paris*, *Guill. Eustace*, 1534.

1037 Heurinus de Hominis natura. 1591.

1038 Promptuarium Hippocratis. 1683.

1039 Hoffmanni disquisitio Corporis Humani Anatomico Pathologica. 1713.

1040 Fabricii ab aquapendente Medicina Practica. *Paris.* 1634.

1041 Sennerti Medicina Practica. 1632.

1042 Severini Idea Medicina. 1660.

1044 Barth. Perdulcis universa Medicina. *Parisiis*, 1630.

1046 Ranchini opuscula Medica. 1627.

1047 Francisci Delboë Silvii opera Medica. *Amstelodami*, *D. Elzevir*. 1680.

1048 Georgii Baglivii opera omnia Medico-Practica & Anatomica, accedit Tractatus de Vegetatione Lapidum & terra motu Romanum & Urbium adjacentium, anno 1703. *Lugduni*, *Anisson*, 1704.

1049 Thomæ Sydenham Med. Doct. opera Medica. *Geneva*, 1703.

1050 Fundamenta Medicinæ Theorico Practicæ sesecundum Celeberrimi Stahlii potissimum aliorumque Medicorum placita conscripta in forma Tabularum, à Georgio Philippo è Venter. *Argentorati*, 1718.

1051 Georgii Ernesti Stahlii dissertationes Medicæ. *Hala*, 1707.

1052 Georgii Ernesti Stahlii Theorica Medica vera *Hala*, 1708.

1053 Sennertus, de Febribus. 1633.

1054 Coyttari libri duo de Febre Purpura, Epidemiali & Contagiosa. 1578.

1055 Vulzeri Antidotarium Pestilentiale. 1621.

1056 Conocimiento de la Peste sus Causas Senales prescription, i curation, por Johan. Francisco Rossell. *En Barcelona*, 1632.

1057 De Morbis capitis. 1617.

1058 Consultationes Medicinales. *Venetiis*, 1650.

1059 Andreæ Argoli de diebus Criticis & Ægrorum de Cubitu tractatus. *Patavii*, 1652.

1060 L. Christ. Frid. Garmanni de Miraculis Mortuorum opus Phisico-Medicum. *Dresdæ & Lipsiæ*, 1709.

1061 Theses Medicinæ.

1062 Universæ Medicinæ studium Mss.

1063 Nic. Massæ Anatomiæ Liber Introductorius. 1559.

1064 Platerus de Corporis Humani structura & usu. 1703.

1065 Rudius de Vulneribus.

PHARMACIA, CHYMIA ET ALCHYMIA.

1066 Hoffmannus de Medicamentis officinalibus. 1667.

1067 Dissertation sur la Cause de la Purgation, par M. Lienard, premier Régent de la Faculté de Paris. 1659.

1068 Rolfincius de Purgantibus Vegetabilibus. *Jenæ*, 1667.

1069 De Venenis & Antidotis, auctore Andrea Baccio. *Romæ*, 1586.

1070 Dispensarium ad Aromatorios.

1071 Le Grand Thrésor, ou Dispensaire & Antidotaire de J. Jacques Wecker, traduit en François avec des Notes, par J. Duval D. M. d'Issouldun. *Geneve*, 1616.

1072 Mosis Charas opera. *Genevæ*, 1684.

1073 Phamaceutica Rationalis Thomæ Willis. 1674.

1073 Chimia Rationalis, accedit Praxis Chimiatrica Rationalis. *Lugd. Bat.* 1687.

1074 Jo. Conradi Barchhusen Elementa Chimiæ quibus subjecta est confectura Lapidis Philosophici. *Lugd. Bat.* 1718.

1075 Georgii Ernesti Stahlii opusculum Chimico Phisico Medicum. *Halæ*, 1715.

1076 Conspectus Chemiæ Theoretico Practicæ in forma Tabularum representatus, auctore Jo. Junckero. *Halæ*, 1730.

1077 Raymundi Vieussens D. Medici Monspeliensis Tractatus duo, primus de remotis & proximis Mixt. Principiis in ordine ad Corpus Humanum spectantis, secundus de natura, differentiis, subjectis, conditionibus & causis fermentationis. *Lugd.* 1688.

1078 Nuova Minera d'Oro di Flavio Givolami, nella quale con viva & efficassime Ragioni descrittori famosissimi si dimontra l'Arte Chimica esser verissima è con la Piera Filosofia potersi far l'Oro. *In Venetia*, 1590.

1079 Bernetti Tractatus de Præparatione & Compositione Medicamentorum Chimicorum. 1621.

1080 Lexicon Alchemiæ. 1612.

1081 Volumen Tractatuum Scriptorum Rariorum de Alchemia. *Norimbergæ*, 1541.

1082 Alchemia Libavii. 1597.

1083 Michaëlis Mayeri Scrutinium Chimicum per Emblemata illustratum. *Francofurti*, 1687.

1084 Præi Nosologia Harmonica, Dogmatica & Hermetica, 1615.

HISTORIA NATURALIS, RES VENATICA.

1085 Caii Plinii secundi Naturalis Historiæ Lib. XXXVII. cum interpretatione & notis in usum Delphini. *Paris. Muguet*, 1685. 5. *vol.*

1086 Mathioli di Discoride opera.

1087 Jac. Cornuti Historia Plantarum Canadensium. *Paris.* 1635.

1088 Tabacologia Medico-Chirurgico-Pharmaceutica, auctore Jo. Neandro. *Lugd. Bat. Isaac Elzevir.* 1622.

1089 Mémoires pour servir à l'Histoire des Insectes, par M. de Reaumur, tome prémier. *Paris, Imp. Royale.*

1090 Ricreatione dell' Ochio & della mente nell' osservation delle Chiocciole, dal P. Filippo Bonani della Compagnia di Giesu. *In Roma*, 1681.

1091 Le Mercure Indien, ou le Trésor des Indes, par Pierre de Rosnel. *Paris,* 1668.

1092 Rei accipitrariæ Scriptores Græci, nunc primum editi. *Lutetiæ*, 1612.

1093 Delle Caccie di Eugenio Raimondi Bresciano. *In Napoli*, 1626. *con le fig.*

1094 La Venerie Royale, par Robert de Salnove. *Paris*, 1655. *mar.*

HUMANIORES LITTERÆ

In-quarto.

GRAMMATICI ET ORATORES.

1095 Grammatica Hebrea. *Venetiis*, 1523.
1096 Institutiones Hebraïcæ. *Lugduni*, 1526.
1097 Dictionarium Historicum, Geographicum & Poëticum, à Car. Stephano. *Genevæ*, 1652.
1098 C. Pajot Dictionarium Latino-Gallico-Græcum. *Rothomagi*, 1680.
1099 Dictionnaire François & Italien, d'Oudin.
1100 Memoriale della Lingua Italiana di Giacomo Pergamino. *In Venetia*, 1602.
1101 Dictionnaire François & Anglois, par M. Boyer. *A la Haye*, 1702.
1102 Secunda & terza parte del Tesoro delle tre Lingue Italiana, Francesa & Spagnola, Dove sone le voce Italiane. 2. *vol.*
1103 Tesoro de las dos Lingues Espagnola y Francesa.
1104 Dictionarium Latino-Hispanicum & vice versâ, Ælii Dentonii. *Antuerpiæ*, 1560.
1104 Recueil de Dictionnaires François, Espagnols & Latins, par Hornkens. *Bruxelles*, 1599.

1105 Philipiques de Demosthene, avec des Remarques. *Paris*, 1701.
1106 Ciceronis opera cum notis variorum. *Lugd. Bat.* 1692. 4. *vol.*

1107 Panegyrique de Trajan, par Pline. *Paris*, 1638.

1108 Recueil des Harangues de l'Academie Françoise. *Paris*, 1698.

1109 L'Arte de Cenni, collaquale, formandosi favelle visibile, si tratta della muta Eloquenza. *In Vicensa*, 1606.

POETÆ GRÆCI ET LATINI.

1110 Hesiodi opera cum scholiis, &c. *Ex off. Plant.* 1603.

1111 Homeri Ilias & Odissea Græcè & Latinè, cum scholiis Græcis Didymi, edente Corn. Schreuelio. *Amst. Elzevir.* 1656. 2. *tom. en* 1. *vol.*

1112 Idem cum scholiis & notis perpetuis in textum, studio Jo. Barnesii. *Cantabrigiæ*, 1711. 2. *vol.*

1113 Euripidis Tragediæ Latinâ interpretatione, scholiis & notis. *Genevæ*, 1602.

1114 Grotii excerpta ex Tragediis & Comediis Græcis Latinis versibus reddita. *Paris.* 1626.

1115 Florilegium diversorum Epigrammatum. *Apud Henr. Stephanum*, 1566.

1116 Terentii Comediæ. *Paris.* 1546.

1117 Terentii Comediæ cum variis Lectionibus. *Cantabrigiæ*, 1701.

1118 Lucretius de Rerum Natura. *Londini*, 1712.

1119 Virgilii Æneidos. *Paris.* 1539.

1120 Virgilii opera. *Cantabrigiæ*, *Typ. Academ.* 1701.

1121 Las Obras de Virgilio en Prosa Castellana, por Diego Lopez. *En Valencia*, 1698.

1122 Horatii opera cum notis & figuris. *Argentinæ*, 1498.

1123 Horatius cum notis Bentleii. *Cantabrigiæ*, 1711. 2. *vol.*

1124 Ovidii Methamorphoseon Libri XV. cum Commentariis. *Lugd.* 1551.

1125 Juvenalis Satyræ, cum Commentariis. *Paris.* 1614.

1126 Idem cum scholiis & commentariis Henniaii, *Ultrajecti*, 1685.

1127 P. Statii opera cum commentariis & notis Crucei. *Paris.* 1618.

1128 Martialis Epigrammata, cum Commentariis. *Paris.* 1607.

1129 Catulli, Tibulli & Propertii opera, cùm variis lectionibus. *Cantabrigiæ*, 1702.

1130 Hugonis Grotii Tragediæ. *Amstel.* 1635.

1130 * Les Oeuvres de Clement Marot, avec des Observations & des Notes. *La Haye*, 1731. 4. *vol. gr. pap.*

POETÆ GALLICI.

1131 Les Oeuvres de Saint Amant. *Paris*, 1651.

1132 Les Oeuvres de Boileau. *Paris*, 1701.

1132 Les mêmes. *Paris*, 1713.

1133 Circé, Tragedie en Musique. *Paris*, 1694.

POETÆ ITALICI.

1134 La Comedia di Dante. *In Venetia*, 1544.

1135 La Gierusaleme Liberata del Tasso. *In Ferrara*, 1581.

1136 La Medesima. *In Padoua*, 1628.

1137 Aminta, Favola di Tasso, colle annotationi di Menagio. *In Parigi*, 1655.

1138 Orlando Furioso, con le Figure di Girolamo Porro. *In Venetia*, 1684.

1139 Arioste, ou Roland le Furieux, trad. en François par François de Rosser. *Paris*, 1625. 3. *vol.*

1140 Orlando Innamorato da Matteo Maria Boiardo

de Rifato di nuovo da Francifco Berni. *In Fiorenza*, 1725. C. *M.*

1141 Favola Paftorale del C. Guibaldo de Bonarelli, *In Ferrara*, 1607.

POETÆ HISPANICI.

1142 Obras in Profa y Verfo de Salvador Jacinto Polo di Medina. *En Zarragoça*, 1670.

1143 Obras de Quevedo. *In Bruffellas*, 1661. 2. *vol.*

1144 Poëfias de Quevedo. *In Bruffellas*, 1661.

1145 Poëfias de D. Gabriel Fernandes de Rofas. *En Madrid*, 1662.

1146 Academias Morales de las Mufas, por Antonio Enriquez Gomez. *En Madrid*, 1690.

1147 Poëma Tragico del Efpagnol Gerardo, y Defango del Amor Lafcivo. *En Tarragoça*, 1697.

1148 Comedias Efpagnolas de diff. autores.

1149 Las Comedias de D. Auguftin Moreto. *En Valencia*, 1676. 2. *vol.*

1150 Comedias Efcogidas de los Mejores de Efpagna. *En Madrid*, 1652.

1151 Parte quarante y quatro de Comedias de diff. autores. *En Zarragoça*, 1652.

1152 Autos Sacramentales, Alegoricos y Hiftoricos, compueftos per Don Pedro Calderon. *En Madrid*, 1690.

1153 Poëfias del celebre Poëte Don Pedro & Calderon de la Barca. *En Madrid*, 1685. 9. *vol.*

1154 Comedias de Don Antonio Defolis. *En Madrid*, 1681.

POLYGRAPHI.

1155 Lucien, de la Traduction de Perrot d'Ablancourt. *Paris*, 1655. 2. *vol.*
1156 Auli Gelli Noctes Atticæ, cum notis Gronovii. *Lugd. Bat.* 1706.
1157 J. Pici Mirandulæ opera.
1157 Vossii Observationes variæ. *Londini*, 1585.
1158 J. Genesii Sepulvedæ opera. *Coloniæ*, 1602.
1159 J. Lipsii opera omnia quæ ad Criticam pertinent. *Antuerpiæ*, 1585.
1160 Animadversiones Chiffletianæ. *Paris.* 1662.
1161 Opere non piu Stampate del Tasso. *In Roma*, 1666. 2. *vol.*
1162 De Raguagli di Parnasso del Signor Boccalini. *In Venetia*, 1630.
1163 Pensieri Diversi di Tassoni. *In Venetia*, 1696.
1163 Obras Historicas, Politicas, Filosoficas, y Morales, por D. Juan de Zabaletta. *Barcelona*, 1704.
1164 Theatro Critico universal. *En Madrid*, 1727.
1165 Tanaquilli Fabri Epistolæ 1659.
1166 Lettere di D. Angelo Grillo. *In Venetia*, 1616. 2. *vol.*
1167 Lettere di Francesco con l'aggiunta di varie Lettere del Cardinale Lanfranco. *Romæ*, 1623.
1168 Epistolas Familiares de Guevara. *En Madrid*, 1698

FABULOSA.

1169 Les cent Histoires de Troyes ; le Livre du Passe-Tems des Dez ; le Sommaire Historial de France. *Paris.*

1170 Dialogo de las Empressas Militares y Amorosas. *En Leon*, 1562.

1171 Cento Novelle di Centhio. *Venetia*, 1574.

1172 Bellese del furioso. *In Venetia*, 1574.

1173 Los Drabaios de Persiles, por Miguel de Cervantes. *Madrid*, 1617.

1174 Novelas Exemplares di Miguel Servantes. *En Madrid*, 1664.

1175 Novelas Amorosas y Exemplares de Dona Maria de Zayas. *En Madrid*, 1659.

1176 Novelas Exemplares de Dona Maria de Zayas. *Barçelona*, 1705.

1177 Varios Prodigios de Amor in ocho Novelas Exemplares. *En Zarragoça*, 1665.

1178 Historia de Hypolito y aminta por Francisco de Quintana. *En Madrid*, 1673.

1179 Gustos y Digustos de Lentiscar de Cartagena. *En Valencia*, 1689.

1180 Enganos de Mugeres y desenganos de los Hombres. *En Madrid*, 1698.

1181 Vida y Hechos de l'Ingenioso Cavallero Don Guixote de la Mancha. *Barcelona*, 1704. 2. *vol.*

1182 Varios Prodigios de Amor. *En Madrid*, 1709.

1185 Pogii Facetiæ, edit. per Antiqua.

HISTORIA *In-quarto*.

GEOGRAPHI ET ITINERA.

1186 Parallela Geographiæ veteris & novæ, auctore Philippo Brietio. *Parisiis*, 1648. 3. *vol.*

1187 La Geographie ancienne & moderne, par d'Audifret. *Paris*, 1689. 3. *vol.*

1188 Abrahami Ortelii Thesaurus Geographicus. *Hanoviæ*, 1611.

1189 La Geographia di Claudio Ptolomeo, tradotta da Giero Ruscelli, & recorretta da Gio Malnmbra. *In Venetia*, 1574.

1190 La Cosmographia y Geographia de todo el Mundo, per Hieronimo Girava. *Paris.* 1570.

1191 La Description Geographique des Provinces & Villes les plus fameuses de l'Inde Orientale, des Mœurs, Loix & Coûtumes de leurs Habitans, &c. par Marc-Paule Venitien. *Paris*, 1556.

1192 Orbis Augustinianus, sive Conventuum Ordinis Heremitarum Sancti Augustini Geographia & Topographia descriptio, auctore Augustino Lubin. *Paris.* 1659.

1193 Voyages de Monconis. *Lyon*, 1665. 3. *tom. en* 1. *vol.*

1194 Les fameux Voyages de Pietro della Vallé. *Paris*, 1663. 4. *vol.*

1195 Histoire de la Laponie. *Paris*, 1678.

1196 Voyages en divers Etats d'Europe & d'Asie. *Paris*, 1692.

1197 Les Voyages & Observations de la Boulaye le Gouz. *Paris*, 1657.

1198 Les Voyages fameux de Vincent le Blanc. *Paris*, 1648.

1199 Voyages de Chardin en Perse & autres lieux de l'Orient. *Amst.* 1711. 3. *vol. fig.*

1200 Voyage d'Adam Olearius en Moscovie, Tartarie & Perse. *Paris*, 1659. 2. *vol.*

1201 Voyages au Levant, en Perse, au Mogol & aux Indes, par Thevenot. *Paris*, 1665. 3. *vol.*

1202 Voyages de Jean Struys. *Amsterdam*, 1681. *fig.*

1203 Voyages de Siam, par le P. Tachart. *Paris*, 1686. 2. *vol.*

1204 L'Afrique de Marmol. *Paris*, 1667. 3. *vol.*

1205 Recueil de divers Voyages en Afrique & en l'Amerique. *Paris*, 1674.

1206 Histoire génerale des Isles Antilles, par le P. du Tertre. *Paris*, 1667. 4. *vol. fig.*

1207 Histoire génerale des Voyages & Conquêtes des Castillans dans les Isles & Terres fermes des Indes Occidentales, par Ant. d'Herrera. *Paris*, 1660. 3. *vol.*

1208 Histoire de la Conquête du Mexique, par Antoine de Solis. *Paris*, 1691. *fig.*

1209 Les Voyages advantureux de Fernand Mendes Pinto. *Paris*, 1645.

1210 Voyage de la France Equinoxiale en l'Isle de Cayenne, par Ant. Biet. *Paris*, 1664.

CHRONOLOGI ET HISTORICI UNIVERSALES.

1211 Euzebii Cæsariensis Episcopi Chronicon, cum additamentis ad annum 1511. *Paris. Henr. Stephanus*, 1518.

1212 Sigberti Gemblasensis Cœnobitæ Chronicon cum additionibus ab anno 381. ad annum 1206. *Lutetiæ, Henr. Stephanus*, 1513.

1213 Chronologia Seriem Temporum & Historiam Rerum in Orbe gestarum continens ab ejus origine usque ad annum Christi 1200. *Trecis*, 1608.

1214 Histoire des choses les plus mémorables advenuës en Europe depuis l'an 1130. jusques à nôtre siécle, par Pierre Colins. *Tournay*, 1643.

1215 Delle Historie del Mondo, descritte dal Signor Cesare Campana. *In Como*, 1602. 2. *vol.*

1216 Compendio Historico universale di Gio Nicolo Doglioni. *In Venetia*, 1594.

1217 Essai d'un Dictionnaire, contenant la connoissance du Monde, des Sciences universelles, & particulierement celles des Médailles, représenté. par des figures Hieroglyphiques, expliquées en Prose & en Vers. *Amsterd.* 1700.

HISTORIA ECCLESIASTICA.

1218 Histoire du Peuple de Dieu, par le P. Berruyer. *Paris*, 1728. 8. *vol.*

1219 Histoire de l'Eglise & de l'Empire, jusques à la fin de l'an 800. par Jean le Sueur. *Geneve*, 1674. 6. *vol.*

1220 Histoire Ecclesiastique & des Empereurs, de M. de Tillemont. *Paris*, 1693. 22. *vol.*

1221 Historiæ Ecclesiasticæ sæculi XVI. Supplementum, auctore Joan. Fechtio. *Francofurti*, 1684. 2. *vol.*

1222 Papirii Massoni libri sex de Episcopis Romæ, eorumque gestis ad Henricum III. Francorum Regem. *Paris.* 1586.

1223 Conclavi de Pontifici Romani. 1667.

1224 Antonii Mariæ Gratiani à Burgo S. Sepulchri de vita Jo. Francisci Commendoni Card. libri quatuor. *Paris.* 1669.

1225 Memorie della vita di Gio Francesco Morosini Cardinale è Vescovo di Brescia scritte dal P. D. Stephano Cosmi. *In Venetia*, 1676.

1226 Usuardi Martyrologium. *Paris.* 1718.

1227 Martyrologium Parisiense, Eminend. D. Cardinalis de Noailles auctoritate editum. *Parisiis*, 1727.

1229 Historica Dissertatio de Uno ex Trinitate carne passo, accedunt Historiæ Pelagianæ, Henrici Noris ab anonymi scrupulis vindiciæ. *Romæ*, 1695.

1230 Leonis Allatii de Libris & Rebus Ecclesiasticis Græcorum dissertationes & observationes variæ. *Paris.* 1646.

1231 In Launoii assertio Inquisitionis in Monasterii Sancti Medardi Suessionensis Privilegium. *Paris.* 1661.

1232 Monumenta Ordinis Minorum.

1233 Diarium Patrum, Fratrum & Sororum Ordinis Minimorum Provinciæ Franciæ, auctore R. P. Thuillier ejusd. Ord. *Paris.* 1709. 2. *vol.*

1234 Abregé de l'Hérésie, ou Histoire des Révolutions arrivées dans l'Europe en matiere de Religion, par Varillas. *Paris*, 1686. 6. *vol.*

HISTORIA ANTIQUA GRÆCA ET ROMANA.

1235 Nicolai Cragii Ripensis de Republica Lacedæmoniorum. *Hafniæ*, 1593.

1236 Petri Gilli de Topographia Constantinopoleos & de illius antiquitatibus. *Lugd.* 1562.

1237 Polibii Excerpta Græco-Latina. *Parisiis*, 1634.

1238 Ex Polybio Selecta de Legationibus. *Antuerpiæ*, 1582.

1239 Herodiani Historiarum Libri VIII. Græcè & Latinè. *Henr. Stephanus*, 1581.

1240 Titi Livii Patavini Historiarum libri qui extant, cum interpretatione & notis Doujatii. *Venetiis*, 1714. 6. *vol.*

1241 Les Commentaires de Cesar. 1650.

1242 Los Commentarios de Gayo Julio Cesare traduzidos en Castello por Freydiego Lopez de Toledo. *Madrid*, 1621.

1243 Las Obras de C. Cornelio Tacito, por Emanuel Suegro. *Madrid*, 1614.

1244 Las Obras de Cajo Cor. Tacito. *Duay*, 1629.

1245 Jacobi Hugonis Historia Romana, seu Origo Latii vel Italiæ ac Romanæ Urbis. *Romæ*, 1655.

1246 Discertatio Hipatica, seu de Consulibus Cæsareis, auctore Ant. Pagi. Franciscano. *Lugd.* 1682.

1247 Historia de las Guerras Civiles de los Romanos. *Barcelonæ*, 1592.

HISTORIA ITALICA.

1248 Alexandri Donati è Soc. Jesu, Roma vetus ac recens utriusque Edificiis illustrata. *Amstelodami*, 1695.

1249 Italicarum & Ravennatum Historiarum Hieronymi Rubei Libri XI. *Venetiis*, 1603.

1250 Historia di Terni descritta da Francesco Angeloni. *In Roma*, 1646.

1251 Memorie Historiche della Chiesa Bolognese è suoi Pastori di Celso Falconii. *In Bolognia*, 1650.

1252 Vite di Summi Pontefici, Cardinali, Patriarchi Arcivescovi, e Vescovi Bolognesi dagli anni 270. sin' al 1621. di Gio. Nicolo Pasquali Alidosi. *In Bologna*, 1621. 2. *vol.*

1253 Leandro Alberti Bolognese dell' Historie della sua Patria. *In Bologna*, 1599.

1254 Pompeo Vizani Bolognese i Due ultimi libri delle Historie della sua Patria. *In Bologna*, 1608.

1255 Della Historia di Bologna di Cherubino Ghiradacci. *In Bologna*, 1596. 2. *vol.*

1256 Descrittione del Regno di Napoli con Catalogo de Conti, de Duchi, delle Famiglie Nobili & de Ré di Napoli, di Scipione Mazzella Napolitano. *In Napoli. mar. r.*

1257 Historia Principum Longobardorum quæ continent aliquot opuscula de Rebus Longobardorum Beneventanæ olim Provinciæ, &c. auctore Camillo Peregrino. *Neapoli*, 1643.

1258 Le Revolutioni di Napoli descritte dal Signor Alessandro Giraffi.

1259 Monete del Regno di Napoli raccolte da Ant. Vergara. *In Roma*, 1715.

1260 Historia Siciliana, raccolta per Gioseppe Buon Figlio. *In Venetia*, 1704.

1261 Felini Sandei Epitome, de Regibus Siciliæ. *Hanoviæ*, 1611.

1262 Historia Hugonis Falcandi siculi de Rebus gestis in Siciliæ Regno. *Paris.* 1550.

1263 D. Francisci Baronii ac Manfredis de Majestate Panormitana Lib. IV. *Panormi*, 1630.

1264 Messina Cita Nobilissima descritta in 8. libri, da Gioseppe Buon Figlio. *In Venetia*, 1606.

1265 Mediolanenses Antiquitates Ichnographicis Tabulis variisque Ecclesiasticis Ritibus illustratæ, per Jo. Ant. Castellioneum. *Mediolani*, 1625.

1266 Pauli Jovii vitæ duodecim Vicomitum Mediolani Principum. *Paris. Rob. Stephanus*, 1549.

1267 L'Historia di Milano, da Bernardino Corio. *In Padua*, 1646.

1268 De Præclaris Mediolani Ædificiis dissertatio Petri Gratiolii. *Mediolani*, 1735.

1269 Historia dell' Antica Citta di Tortona, del signor Nicolo Montemarlo. *In Tortona*, 1618.

1270 Caroli Episcopi Novariensis Novaria seu de Ecclesia Novariensi libri duo, primis de locis, alter de Episcopis. *Novariæ*, 1612.

1271 Jacobi Guallæ Ticinensis Historia suæ Patriæ. *Papiæ*, 1587.

1272 Della Venetia Cita Nobilissima da M. Fr. Sansovino.

1273 Venetia triomfante & sempre libera, da Gio. Nicolo Doglioni. 1613.

1274 De Magistratibus & Republica Venetorum, auctore Gaspare Contareno. *Paris.* 1543.

1275 Le Origini de Padoua, scritte da Don Loren-

20 Pignoria. *In Roma*, 1625.
1276 Historia Tarvisina, auctore Barthol. Burcholato. *Tarvisii*, 1616.
1277 Historia di Vicenza del signor Giacomo Marzari. *In Vicenza*, 1604.
1278 Le Historie è fatti de Veronesi, descritte per Torello Saraina Veroneze. *In Verona*. 1586.
1279 La Chiesa di Vercelli, discorso d'Allessandro Mella. *In Vercelli*, 1658.
1280 Corona Reale di Savoia. *In Cimeo* 1655.
1281 Historia Florentina Jo. Michaelis Bruti. *Lugd.* 1562.
1282 Istoria di Giovanni & Matheo Villani. *In Fiorenza*, 1587. 2. *vol.*
1284 Ristretto delle Historie Genovesi di Paolo Inteniano. *In Luca*, 1551.
1285 Dell' Istoria di Mantoua Lib. V. scritta in commentari da Mario Equicola d'Alveto. *In Mantua*, 1610.
1286 Copioso Ristretto de gli Annali di Rausa, di Giacomo di Pietro. *Luccani*, 1604.

HISTORIA FRANCICA.

1287 Histoire Universelle de Jacques Auguste de Thou. *Londres*, (*Paris*,) 1734. 16. *vol. gr. pap.*
1288 Mémoires de Mr. de Thou. *Rotterdam*, 1711.
1289 Mémoires de Duplessis Mornay. 1624. 2. *vol.*
1290 Abregé de l'Histoire de France, par le P. G. Daniel. *Paris*, 1727. 6. *vol. gr. pap.*
1291 Défense du Droit de la Reine à la Succession d'Espagne, par M. d'Aubusson, Archevêque d'Ambrun. *Paris*, 1674.
1292 Traité des Droits de la Reine. *Paris*, 1667.

1293 Mazarinades, ou Recueil de Piéces imprimées ès années 1649. 50. 51. 52. 36. *vol.*

1294 Histoire de Louis XI. par M. de Varillas. *Paris*, 1689. 2. *vol.*

1295 Histoire de Charles VIII. par M de Varillas. *Paris*, 1691.

1296 Histoire de Louis XII. par M. de Varillas. *Paris*, 1688. 3. *vol.*

1297 Histoire de François I. par M. de Varillas. *Paris*, 1685. 2. *vol.*

1298 Histoire de Charles IX. par M. de Varillas. *Paris*, 1686. 2. *vol.*

1299 Histoire Généalogique de la Maison de Gondi, par Corbinelli. *Paris*, 1705. 2. *vol. gr. pap. fig.*

1300 Histoire du Vicomte de Turenne, par M. de Ramsay. 1735. 2. *vol.*

1301 Histoire Litteraire de la Ville de Lyon, par le P. Colonia. *Lyon*, 1728.

1302 L'Ecole de Mars, par M. Guignard. *Paris*, 1725. 2. *vol. gr. pap. fig.*

1303 Histoire de la Milice Françoise, par le P. Daniel. *Paris*, 1728. 2. *vol. gr. pap. fig.*

HISTORICA GERMANICA, AC SEPTENTRIONALIUM REGIONUM.

1304 Histoire de l'Empire, par M. Heiss. *Paris*, 1684. 2. *vol.*

1305 La même. *Paris*, 1731. 3. *tom. en* 2. *vol.*

1306 Fuldenses Antiquitates, auctore Christophoro Brouvero. *Antuerpiæ*, 1612.

1307 Nicolai Burgundi Historia Bavarica. 1636.

1308 Hermanni de Lerbeke Dominicani Chronicon Comitum Schauvenburgensium, ab Henricto Meibomio editum. *Francofurti*, 1620.

1309 Elogia Ducum, Regum, Inter-Regum qui Bœmis præfuerunt, auctore Julio Solimanno Soc. Jesu. *Pragæ*, 1629.

1310 De Ducibus Bohemicis libri duo, de Regibus Bohemicis libri 5. carmine scripti à Pantaleone Candido Anstriaco. *Argentorati*, 1587.

1311 Historia Rerum Polonicarum Concinnata, à Salomone Neugebavero. *Hanoviæ*, 1618.

1312 Epitome de Rebus anno 1648. & 1649. contra Zaporovianos Kosakos in Polonia & Lithuania gestis, auctore Jo. Dionysio Lobzinky. *Viennæ Austriæ*, 1653.

1314 Inscriptiones Hafnienses Latinæ, Danicæ & Germanicæ, studio Petri Jo. Resenii. *Hafniæ*, 1668.

1315 Notitia Ecclesiarum Belgii, auctore Auberto Miræo. *Antuerpiæ*, 1630.

1316 Aula Sacra Principum Belgii, sive Commentarius Historicus de Capellæ Regiæ in Belgio Principiis Ministris Ritibus, atque universo apparatu, accedunt pro eadem Capella Sacra Constitutiones & Diarium Officii Divini Alberto & Isabella Principibus. *Antuerpiæ*, 1650.

1317 Rerum Brabanticarum usque ad annum 1599. Libri XIX. auctore Petro Divœo. *Antuerpiæ*, 1610.

1318 Bellum Belgicum è Commentariis Pompeii Justiniani, edente Josepho Gamurino. *Colon. Agrip.* 1611.

1319 Antiquitates Rutupinæ, auctore Jo. Baltery. *Oxoniæ*, 1711.

HISTORIA HISPANICA

1321 Jo. Marianæ è Soc. Jes. Historia de Rebus Hispanicis. *Moguntiæ*, 1605.

1322 Dialogo de Consuelo por la Expulsion de los Moriscos de Espanna, compuesto por Juan Ripob. *En Pamplona*, 1613.

1323 Successos Principales de la Monarquia de Espanna en el anno de 1639. escritos por el Marques Malverri. *En Madrid*, *Typ. Reg.* 1640.

1324 Voyage d'Espagne Curieux, Historique & Politique, fait en 1655. *Paris*, 1699.

1325 Historia del Levantamiento de Portugal, por Antonio Seyno de l'Orden de San Augustin. *En Zaragoça*, 1644.

1326 Epitome de las Historias Portuguesas, autor Manuel de Faria y Susa. *En Lisboa*, 1673.

1327 Anicaramuel o defensa del manifesto del Reyno de Portugal a la repuesta que escrivio Don Juan Caramuel Lobkowitz, por M. Fr. de Villarcal. *En Paris*, 1643.

ANTIQUITATES, NUMISMATA.

1328 Jo. Alberti Fabricii Bibliographia Antiquaria, sive Introductio in Notitiam Scriptorum qui Antiquitates Hebraicas, Græcas, Romanas & Christianas scriptis illustrarunt. *Hamburgi & Lipsiæ*, 1713.

1329 Burcardi Gottelfi Struvii Antiquitatum Romanarum Sintagmata. *Inæ*, 1701.

1330 Antonii Vandale Dissertationes Antiquitatibus illustrandis inservientes. *Amstelodami*, 1702.

1331 Imagini de Gli Dei Antichi del signor Vincenzo Cartari. *Venetia*, 1625.

1332 Justi Lipsii de Militia Romana libri quinque. *Antuerpiæ*, 1598.

1333 Cl. Salmasius de Re Militari Romanorum. *Lugd. Bat. Jo. Elzevir.* 1658.

1334 Hygini & Polibiide Castris Romanis. *Amstelodami*, 1660.

1335 Discours de la Religion des Anciens Romains. *Wezel*, 1672.

1336 Histoire des Grands Chemins de l'Empire Romain, par Nicolas Bergier. *Paris*, 1622.

1337 Ezechielis Spanhemii Dissertationes de Præstantia & usu Numismatum Antiquorum. *Amstel. Dan. Elzevir.* 1671. 2. *vol.*

1338 Promptuario de las Medallas.

1339 Numismata Imperatorum Roman. Præstantiora à Julio Cæsare, per Jo. Vaillant Doc. Med. cum serie Numismatum Maximi Modulli. *Paris.* 1692. 2. *vol.*

1340 Numismata Imperatorum Augustarum & Cæsarum à Populis Romanæ Dictionis, Græcè loquentibus, ex omni Modulo percussa, per J. Vaillant Doc. Med. *Paris.* 1698.

1341 Jo. Harduini sæculi Constantiniani Numismata & veteris Testamenti Chronologia. *Parisiis*, 1697.

Bibliothecarii.

1343 Bibliotheca Sacra, sive Syllabus ferme Sacræ Scripturæ editionum ac versionum, labore Jacobi le Long. *Lipsiæ*, 1709.

1344 Burcardi Gotth. Struvii Thesaurus variæ eruditionis ex scriptoribus potissimum sæculi XVI. & XVII. collectus accessit ejusd. dissertatio de

Jure Bibliothecarum. *Jenæ*, 1710.

1345 Thomas Ittigius de Bibliothecis & Catenis Patrum variisque veterum Scriptorum Ecclesiasticorum Collectionibus. *Lipsiæ*, 1707.

1346 Henrici Bocleri Bibliographia critica scriptores omnium artium atque scientiarum Ordine Percensens, accesserunt animadversiones Gottlier Kranse. *Lipsiæ*, 1715.

1347 Burcardi Gotth. Struvii Bibliotheca Juris Selecta. *Jenæ*, 1714.

1348 Burcardi Gotth. Struvii Bibliotheca Historica. *Jenæ*, 1705.

1349 Martinus Hanckius de Bisantinarum Rerum Scriptoribus. *Lipsiæ*, 1677.

1350 Prosperi Mandosi Bibliotheca Romana, sive Romanorum Scriptorum Centuria. *Romæ*, 1682.

1351 Gerhardi Ernesti de Franckenau Bibliotheca Hispanica Historico-Genealogico, Heraldica. *Lipsiæ*, 1724.

1352 D. G. Morhoffii Poli Histor Litterarius, Philosophicus & Practicus. *Lubecæ*, 1732. 2. *vol.*

1353 Catalogus Librorum Bibliothecæ Raphaëlis Tricheti Dufresne. *Paris.* 1662.

1354 Jugemens des Sçavans sur les principaux Ouvrages des Auteurs, par Adrien Baillet, avec les Notes de M. de la Monnoye. *Paris*, 1722. 8. *vol. gr. pap.*

1355 Les Vies des Hommes Illustres de Plutarque, traduites en François, avec des Remarques. *Paris*, 1694.

1356 Les mêmes, traduites en François par M. Dacier. *Paris*, 1721. 9. *vol. gr. pap.*

1357 La Vite de Gli Huomini Illustri Græci & Romani di Plutarcho, tradotte per M. Ludovico Domenichi, *In Vinegia*, 1555. 2. *vol.*

THEOLOGIA

THEOLOGIA

In-octavo, in-douze, &c.

BIBLIA SACRA.

1358 Biblia Hebræa & novum Testamentum Græcum. *mar. r.*

1359 Biblia Hebraïca cum punctis. *Paris. Typ. Rob. Stephani.* 8. *vol. mar. r.*

1360 Vetus Testamentum Græcum, ex Versione 70. interpretum, juxta exemplar Vaticanum. *Amstelodami*, 1683.

1361 Biblia Vatabli. *Paris. Rob. Stephanus*, 1545. 2. *vol. mar. noir.*

1362 Biblia Sacra cum figuris *Lugduni*, 1568. 3. *vol mar. violet.*

1363 Biblia Sacra. *Lugduni*, 1573.

1364 Biblia Sacra curâ & studio Doctorum Lovaniensium in Lucem edita. *Antuerpiæ*, 1587. *mar. rouge.*

1365 Pentateuchus Mosis, cùm notis Lud. Ellies du Pin. *Paris.* 1701. 2. *vol.*

1366 Biblia Sacra Latina. *Paris.* 1525. 5. *vol.*

1367 Biblia Sacra Vulgatæ Editionis. *Paris. Vitré*, 1652. 8. *vol.*

1368 Biblia Sacra Vulgata. *Coloniæ*, 1659. *mar. r.*

1369 Biblia Sacra ad vetustissima exemplaria castigata. *Antuerpiæ*, 1565. 5. *vol. mar. r.*

1370 Biblia Sacra juxta vulgatam editionem ad vetustissima exemplaria castigata. *Lugduni*, 1569. 5. *vol.*

1371. Biblia Sacra ex interpretatione DD. Tremellii & Junii. *Amstelodami*, 1627. *mar. noir.*

1372 Biblia Sacra Vulgatæ Editionis, Sixti V. jussu edita. *Romæ*, 1634. 13. *vol.*

1373 Biblia Sacra, vulgo Cardinalis Richeleii dicta. *Paris.* 1656. *mar. r.*

1374 Eadem. 3. *vol. mar. r.*

1375 Enchiridion Psalmorum, cum Joan. Campensis paraphrasi. *Lugduni*, 1536.

1376 Psalmorum Liber. *Lugduni*, 1542.

1377 Liber Psalmorum Davidis & Cantica, cum annotationibus & Hebræorum Commentariis. *Lutetiæ*, *Rob. Stephanus*, 1546. *mar. r.*

1378 Liber Psalmorum, cùm notis Lud. Ellies du Pin. *Paris.* 1691.

1379 Liber Psalmorum, additis Canticis, cum notis Jacobi Benigni Bossuet. *Paris.* 1691. 4. *vol. mar. violet.*

1380 Liber Psalmorum, additis Canticis, cum notis Jac. Benig. Bossuet. *Lugduni*, 1691. 2. *vol.*

1381 Psalterium cum Canticis, versibus prisco more distinctum, studio Josephi Mariæ Thomasii dilucidatum. *Romæ*, 1697.

1382 Novum Testamentum Græcum. *Lutetiæ*, *Rob. Stephanus*, 1546. 2. *vol.*

1383 Novum Testamentum Græcum, cum duplici interpretatione Desiderii Erasmi. *Paris. Rob. Stephanus*, 1551. 2. *vol.*

1384 Novum Testamentum Græcum. 1564.

1385 Idem. *Lugd. Bat. Elzevir.* 1641. *mar. r.*

1386 Idem. *Amstelodami*, *Typ. Elzevir.* 1656. 2. *vol. mar. violet.*

1387 Le Nouveau Testament, traduit en François avec le Grec & le Latin de la Vulgate à côté.

Mons, 1673. 2. *vol. mar. violet.*

1388 Novum Testamentum, cum diversâ manuscripta lectione, variisque translationum annotationibus. *Paris. Rob. Stephanus*, 1545. 2. *vol.*

1388* Idem. *Parisiis*, *è Typographia Regia*, 1649. 2. *vol. mar. r.*

1389 Testamenti Novi Editio Vulgata. *Lugd.* 1553.

1390 Novum J. C. Testamentum Vulgatæ Editionis, Sixti V. jussu recognitium atque editum. *Antuerpiæ*, 1629.

1391 Novum Testamentum. *Paris. Vitré*, 1644.

1392 Novum Testamentum, Regulis illustratum. *Paris.* 1696. *mar. r.*

1393 Novum J. C. Testamentum. *Parisiis*, 1697. 3. *vol. mar. v.*

1394 La sainte Bible, contenant le Vieux & le Nouveau Testament, par l'Université de Louvain. *Paris*, 1598. 2. *vol. mar. r.*

1395 La sainte Bible traduite en François du Latin des Théologiens de Louvain. *Roüen*, 1611. 2. *vol. mar. v.*

1396 Le Pseautier traduit en François, avec des Notes courtes tirées de Saint Augustin & des autres Peres. *Paris*, 1679.

1397 Le Pseautier en Langue Moscovite.

1398 Le Nouveau Testament traduit en François, avec le Latin de la Vulgate à côté. *Lyon*, 1680. 4. *vol. mar. r.*

1399 Concordia quatuor Evangelistarum, cùm annotationibus in varia Evangelii loca, auctore Sebastiano le Roux. *Paris.* 1689.

1400 Compendium Moralis Evangelicæ, sive considerationes Christianæ super textum quatuor Evangelistarum. *Paris.* 1694. 8. *vol.*

1401 Dialogorum Sacrorum libri quatuor, auctore Sebastiano Castalione. *Bremæ*, 1618.

1402 Paraphrase courte, ou Traduction suivie des Pseaumes de David, avec des Argumens qui en donnent l'idée, & des Réflexions qui en apprennent l'usage. *Paris*, 1697. 4. *vol.*

1403 Pseaumes de David selon l'Esprit, ou les Pseaumes en forme de Prieres Chrétiennes dédiées à la Reine. *Paris*, 1726. *mar. r.*

1404 Le Livre des Pseaumes en Latin & en François, avec les Notes de M. Louis Ellies du Pin. *Paris*, 1691.

1405 Le Nouveau Testament en François. *Mons*, 1667. *mar. citron.*

1406 Le Nouveau Testament en François, avec les differences du Grec, & l'Imitation de J. C. à la fin. *Mons*, 1668. 6. *vol.*

1407 Le Nouveau Testament en Latin & en François, vingt-cinquiéme Edition. *Mons*, 1684. 4. *vol. mar. r.*

1408 L'Evangile selon Saint Mathieu, avec des Explications & des Réflexions qui regardent la Vie interieure. *Cologne*, 1713. 8. *vol.*

1409 El Testamento Nuevo de Nuestre Segnor y salvador Jesu Christo, traduzedo del original Griego en Romanæ Castillano. *Venecia*, 1556.

1410 Histoire du Vieux & du Nouveau Testament, avec des Explications, par le sieur de Royaumont, Prieur de Sombreval. *Paris*, 1686. 2. *vol. mar. r. fig.*

1411 Les Pseaumes de David, par Clement Marot & Theodore de Beze. *Geneve*, 1684.

1412 Le Nouveau Testament. *Amsterdam*, 1667.

1413 Le même. *Amsterdam*, 1710.

1414 Joannis Seldeni de Successionibus ad Leges Hebræorum in bona defunctorum, liber singularis. *Lugd. Bat. Elzevir.* 1638.

1415 Sacrorum Bibliorum Notio Generalis, seu

Compendium Biblicum, auctore M. Humbelot. *Paris.* 1700.

1416 Vindiciæ Librorum Deuterocanonicorum Veteris Testamenti, auctore Josepho Barre. *Parisiis*, 1730.

1417 Georgii Pazoris Manuale Novi Testamenti. *Amstelodami*, 1683.

1418 Nonni Panopolitani Paraphrasis in Sancti Joannis Evangelium, Græcè & Latinè, cum notis P. N. A. Soc. Jes. *Paris.* 1623.

1419 Francisci Valesii de his quæ scripta sunt Phisicè in libris sacris. *Lugduni*, 1692.

1420 Agneau Pascal, ou Explication des Cérémonies des Juifs, & la Manducation de l'Agneau Pascal, appliquées à la Manducation de l'Agneau Divin dans l'Eucharistie. *Cologne*, 1686.

1421 La juste Deffense de M. du Pin, pour servir de Réponse à un Libelle publié contre les Pseaumes qu'il a donnés au Public. *Cologne*, 1693.

1422 Sentimens de quelques Théologiens de Hollande sur l'Histoire Critique du Vieux Testament, composée par le P. Richard Simon de l'Oratoire. *Amsterdam*, 1685.

1423 Explication Litterale & Morale des Evangiles. *Paris*, 1699. 5. *vol.*

1424 Deffense de la Traduction du Nouveau Testament imprimé à Mons, contre les Sermons du P. Mainbourg & les Lettres d'un Docteur en Théologie. *Cologne*, 1669.

1425 Nouvelle Deffense de la Traduction du Nouveau Testament imprimé à Mons. *Cologne*, 1682. 2. *vol.*

1426 Recueil de diverses Piéces pour la Traduction du Nouveau Testament imprimé à Mons, contre ceux qui en ont introduit l'usage, ou combatu les Passages. *Cologne*, 1669.

1427 Commentaires de Jean Calvin sur le Nouveau Testament. *Geneve*, 1561. 2. *vol.*

LITURGICI.

1428 Les anciennes Liturgies, par M. Jean Grancolas, Docteur en Théologie. *Paris*, 1697.

1429 Pratique des Cérémonies de l'Eglise selon l'usage Romain, par le sieur Molin, Vicaire Général d'Arles. *Paris*, 1667.

1430 Missa Latina, à Flacco Illirico edita. *Argentinæ*, 1557.

1431 Le Tableau de la Croix représenté dans les Cérémonies de la Sainte Messe, ensemble le Trésor & la Dévotion aux souffrances de Notre-Seigneur; le tout enrichi de figures. *Paris.*

1432 Les Raisons de l'Office, & Cérémonies qui se font dans l'Eglise Romaine, par Claude Villette, Chanoine de Saint Marcel. *Roüen*, 1660.

1433 Pontificale Romanum. *Coloniæ Agrip.* 1682.

1434 Antiphonarium Romanæ Ecclesiæ, à Sancto Gregorio Magno dispositum. *Romæ*, 1686.

1435 Processionale secundum usum Sarum. *Londini*, 1511.

1436 Missale Romanum. *Paris.* 1660. 4. *vol.*

1437 Idem. *Lutetiæ*, 1660.

1438 Idem. *Lutetiæ*, 1686.

1439 Idem. *Paris.* 1684. 3. *vol.*

1440 Breviarium Romanum. *Venetiis, apud Juntas.* 3. *vol.*

1441 Horæ Diurnæ Breviarii Romani. *Antuerpiæ*, 1689.

1442 Breviaire Romain en Latin & en François. 1688. 4. *vol. mar. r.*

1443 Cæremoniale Parisiense, Em. Cardinalis de Noailles auctoritate editum. *Paris.* 1713.

1444 Processionale Parisiense Em. Card. de Noailles auctorit. editum. *Paris.* 1714.

1445 Breviarium Parisiense, auctorit. Em. DD. Card. de Noailles editum. *Paris.* 1698. 2. *vol.*

1446 Eucologe, ou Livre d'Eglise à l'usage de Paris pour les Laïques, par ordre de Monseigneur le Cardinal de Noailles. *Paris*, 1699. 2. *vol.*

1447 Breviarium Metropolitanæ ac Primatialis Ecclesiæ Senonensis D. Dionysii Francisci Boutillier de Chavigny auctorit. editum. *Senonis*, 1726. 4. *vol.*

1448 Breviarium Narbonense, auctorit. Caroli de la Berchere, Archiepiscopi Narbonensis editum. *Paris.* 1709. 4. *vol.*

1449 Breviarium Tullense, jussu D. Jacobi de Fieux, Episcopi & ejusd. Ecclesiæ Capituli consensu editum. *Tulli Lencorum*, 1684. 2. *vol.*

1450 Breviarium Ecclesiæ Rothomagensis, auctoritate D. de la Vergne de Tressan editum. *Rothomagi*, 1728. 2. *vol.*

1451 Eucologe, ou Livre d'Eglise à l'usage du Diocèse de Roüen. *Roüen*, 1729. 2. *vol.*

1452 Office pour le jour de Noël, extrait du nouveau Livre de l'Eglise du Diocèse de Paris. *Paris*, 1683.

1453 Office des Fêtes Annuelles & Solemnelles de l'Année. *Paris.* 5. *vol.*

1454 L'Office du Saint Sacrement. *Paris.*

1455 Motets & Elevations, par differens Auteurs, pour les quartiers d'Avril, Juillet & Octobre. 4. *vol.*

1456 Nouvelle Traduction de l'Office entier de la Sainte Vierge, avec des Explications sur chaque Verset & des Réflexions Morales, de M. Lordelot. *Paris*, 1711.

1457 Heures de Notre-Dame à l'usage du Diocèse

d'Angers. *Thielman*, 1530.

1458 Heures de la Sainte Vierge dediées à Madame la Princesse de Conty. *Paris*, 1657.

1459 Breviarium Ambrosianum Sancti Caroli, jussu editum, & novissime recognitum. *Mediolani*, 1731. 3. *vol.*

1460 Matutina Nativitatis, Epiphaniæ, Veneris Sancti, & Sabbati Sancti, juxta morem Mediolanensis Ecclesiæ. *Mediolani*, 1549.

1461 Calendarium Ambrosianum anni 1736.

1462 Prieres & Instructions à l'usage de la Confrairie Royale érigée en l'Eglise des Quinze-Vingts à Paris, par le sieur Pierre Racine. *Paris*, 1728.

1463 La Liturgie, c'est-à-dire le Formulaire des Prieres Publiques, de l'administration des Sacremens & des autres Cérémonies & Coûtumes de l'Eglise Anglicane. *Londres*, 1661.

1464 La Liturgie de l'Eglise Anglicane traduite en François. *Loudres*, 1719.

1465 Abdiæ Babiloniæ primi Episcopi ab Apostolis constituti de Historiâ Certaminis Apostolici libri decem, Julio Africano interprete. *Parisiis*, 1560.

SS. Patres Græci & Latini.

1466 D. Clementis opera. *Paris.* 1568.

1467 Origenis de Oratione Libellus. *Oxonii*, 1685.

1468 B. Dionysii Areopagitæ Martyris opera. *Lugduni*, 1572.

1469 D. Irenæi contra Hæreses, ex editione Desiderii Erasmi. *Paris.* 1545.

1470 B. Hippoliti Episcopi & Martyris Oratio de Consummatione Mundi, de Antichristo, ac de secundo Christi adventu, Joan. Pier interprete. *Paris.* 1557.

1471 Eusebii Pamphili Cæsareæ opuscula, à Jac. Sirmundo. *Paris.* 1646.

1472 Sancti Basilii Archiepiscopi Cæsareæ Cappadociæ Orationes de Moribus, Græcè. *Parisiis*, 1556.

1473 Sancti Macarii Homiliæ Spirituales è Græco in Latinum Sermonem conversæ, à Zachariâ Palthenio Fridbergensi. *Francofurti*, 1594.

1474 Sancti Joannis Climaci Scala Paradisi. *Coloniæ Agrippinæ*, 1624.

1475 Sancti Marci Eremitæ opuscula quædam Theologica Græcè scripta, & Latino Sermoni, tradita per Joa. Picum. *Paris.* 1563.

1476 Sancti Dorothæi Sermones XXI. *Cremonæ*, 1595.

1477 Theophilacti Archiepiscopi Bulgariæ in quatuor Evangelia enarrationes. *Parisiis*, 1540.

1478 Petri Abælardi & Heloissæ Epistolæ, cura Ricardi Raulinson. *Londini*, 1718.

1479 M. Minutii Felicis Octavius ex recensione, & cum notis Joan. Davisii. *Cantabrigæ*, 1712.

1480 D. Cæcilii Cypriani Episcopi Carthaginensis & Martyris opera. *Lugd.* 1550. 2. *vol.*

1481 Lactantii Firmiani opera omnia, cum annotationibus Christophori Cellarii. *Lipsiæ*, 1698.

1482 Cæcilii Lanctantii liber de Mortibus persecutorum, studio Nicolai le Nourry Benedictini. *Paris.* 1710.

1483 Les Lettres Choisies de Saint Jerôme. *Paris*, 1673.

1484 D. Paulini Episcopi Nolani opera. *Antuerpiæ*, 1622.

1485 Sancti Augustini opera omnia. *Lugduni*, 1563. 23. *vol.*

1486 D. Augustini Confessionum libri tredecim. *Paris.* 1634.

P

1487 Prosperi Aquitanici Episcopi Regiensis opera. *Coloniæ*, 1540.

1488 D. Petri Chrysologi Homiliæ. *Parisiis*, 1585.

1489 Sancti Aviti opera, cum notis Jac. Sirmundi. *Paris.* 1643.

1490 B. Fulgentii opera Theologica. *Basileæ*, 1621.

1490 * Sancti Gregori Magni opera omnia. *Romæ*, 1613. 5. *vol.*

1491 Sancti Gregorii Magni Papæ I. de Cura Pastorali liber. *Paris.* 1669.

1491 * Sancti Bernardi opera omnia. *Paris.* 1667. 9. *vol.*

1492 Sancti Agobardi Episcopi Lugdunensis opera. *Paris.* 1605.

1493 Servati Lupi opera, à Stephano Baluzio collecta, notisque illustrata. *Paris.* 1664.

1494 Sancti Fulberti Carnutensis Episcopi opera varia, cum notis Caroli de Villiers. *Parisiis*, 1608.

1495 Ivonis Episcopi Carnotensis opera. *Parisiis*, 1610.

1496 Petri Abbatis Cellensis Epistolæ cum notis, *Paris.* 1603.

Theologia Scholastica & Moralis.

1497 Institutiones Theologicæ ad usum Seminarii, auctore Gaspare Juenin. *Parisiis*, 1701. 6. *vol.*

1498 De la Foy, de l'Esperance & de la Charité, ou Explication du Symbole, de l'Oraison Dominicale & du Decalogue. *Anvers.* 2. *vol.*

1499 The Galway Catchiſme by Kenny Doctor of Paris. *In Paris*, 1725. *mar. r.*

1500 Petri Molinæi de Cognitione Dei Tractatus. *Londini*, 1623.

1501 Traité de la Vérité de la Religion Chrétienne, par M. Abadie. *Roterdam*, 1684.

1502 De mente Concilii Tridentini circa Contritionem & Attritionem in Sacramento Pœnitentiæ liber, auctore Jq. de Launoy. *Pariſ.* 1653.

1503 Diſſertatio de Contritione in Sacramento Pœnitentiæ neceſſaria ad mentem Sancti Thomæ, veterumque Thomiſtarum. *Pariſ.* 1716.

1504 De Contritione & Attritione diſſertationes quatuor, auctore F. P. Lamberto le Drou. *Romæ*, 1707.

1505 Reſponſa Moralia ad quæſtiones è Theologia ſelectas, in gratiam Sacerdotum qui tremendo Sacramenti Pœnitentiæ miniſterio incumbunt. *Pariſ.* 1693.

1506 Lettres Paſtorales de M. l'Evêque d'Arras, touchant l'Adminiſtration du Sacrement de Pénitence, avec la Cenſure de quelques Propoſitions de Morale publiées dans ſon Diocèſe. *Arras*, 1676.

1507 Clericus Romanus, à Balthaſare Francolino Soc. Jeſu. *Romæ*, 1705. 2. *vol.*

1508 Traité du Saint Sacrifice de la Meſſe, par Dufaur de Pibrac. *Toulouſe*, 1687.

1509 Dionyſii Petavii è Soc. Jeſu, de Poteſtate conſecrandi Sacerdotibus à Deo conceſſa. *Pariſiis*, 1639.

1510 Jo. Launoii de Sacramento Unctionis infirmorum liber. *Pariſ.* 1673.

1511 Véritable Tradition de l'Egliſe ſur la Prédeſtination & la Grace, par M. de Launoy, Docteur en Théologie. *Liege*, 1702.

1512 Divus Augustinus Summus Prædestinationis & Gratiæ, Doctor à Calumnia vindicatus, adversus Joannis Launoii traditionem, auctore F. Jacobo Hyacintho Serry. *Coloniæ*, 1704.

1513 Schola Thomistica, seu Gabrielis Danielis è Soc. Jes. tractatus, adversus Gratiam se ipsâ efficacem Censoriis animadversionibus confutatus, auctore Fran. Jac. Hyac. Serry. *Coloniæ*, 1706.

1514 Augustiniana Ecclesiæ Romanæ Doctrina, Cardinalis Sfondrati nodo extricata per Varios Sancti Augustini discipulos. *Coloniæ*, 1700.

1515 Recueil de plusieurs Piéces pour la deffense de la Morale & de la Grace, par le P. Alexandre. *Cologne*, 1698. 2. *vol.*

1516 Essais de Morale, par Jean Laplacete. 4. *vol.*

1517 L'Usure expliquée & condamnée par les Ecritures Saintes & par la Tradition Universelle de l'Eglise, par M. du Tertre. *Paris*, 1673.

1518 Résolution de plusieurs Cas de Conscience, par le sieur de Sainte Beuve. *Paris*, 1715. 3. *vol.*

1519 Hadriani Beverlandi de Fornicatione cavenda admonitio. 1700.

1520 Deffense des nouveaux Chrétiens & des Missionnaires de la Chine. *Paris*, 1688. 2. *vol.*

1521 Apologie des Dominicains Missionnaires de la Chine. *Cologne*, 1699.

1522 Historia Cultus Sinensium. *Coloniæ*, 1700.

1523 De Ritibus Sinensium erga Confusium Philosophum & Progenitores mortuos, Alexandri Papæ Decreto permissis, adversus librum inscriptum : Historia Cultus Sinensium. *Leodii*, 1700.

1524 Anciens Mémoires de la Chine, touchant les honneurs que les Chinois rendent à Confucius & aux Morts. *Paris*, 1700.

1525 Des Cérémonies de la Chine, par le P. Louis

le Comte Jesuite. *Liege*, 1700.

1526 Deffense de la Censure de la Faculté de Théologie de Paris, contre les Propositions des Livres intitulés : *Nouveaux Mémoires sur l'état présent de la Chine, &c. Lettres des Cérémonies de la Chine*, par Louis Ellies du Pin. *Paris*, 1701.

1527 Lettres de quelques Missionnaires de la Compagnie de Jesus, écrites de la Chine & des Indes Orientales. *Paris*, 1702.

1528 Lettres Edifiantes & Curieuses écrites des Missions Etrangeres par quelques Missionnaires de la Compagnie de Jesus. 8. *vol.*

1529 Thomæ à Kempis de Imitatione Christi. *Lugd. Elzevir.* 1658.

1531 Consolation intérieure, ou le Livre de l'Imitation de Jesus-Christ, traduit d'un ancien Exemplaire. *Paris*, 1690.

1532 Le Chemin du Ciel, ou les Sentimens & les Devoirs d'une Ame Chrétienne qui tend au Ciel. *Paris*, 1707.

1533 La Vie des Gens mariés, ou les Obligations de ceux qui s'engagent dans le Mariage. *Paris*, 1714.

1534 Traité de la Vocation à l'Etat Ecclésiastique. *Paris*, 1695.

1535 Le Chrétien Etranger sur la Terre, par M. Jean-Girard de Villethierry. *Paris*, 1709.

1536 La Vie des Veuves, ou les Devoirs & les Obligations des Veuves Chrétiennes. *Paris*, 1697.

1537 La Vie des Religieux & des Religieuses. *Paris*, 1698.

1538 Deux Traitez, l'un de la Flatterie & des Louanges, & l'autre de la Médisance. *Paris*, 1701.

1539 La Vie de Jesus-Christ dans l'Eucharistie, & la Vie des Chrétiens qui se nourrissent de l'Eucharistie, par M. J. Girard de Villethierry. *Paris*, 1714.

1540 Des Eglises & des Temples des Chrétiens. *Paris*, 1706.

1541 La Vie des Clercs, Evêques, Prêtres, Diacres & autres Ecclésiastiques, par M. J. Girard de Villethierry. *Paris*. 1710. 2. *vol.*

1542 Traité des Vertus Théologales & Cardinales, par le même. *Paris*, 1710.

1543 Recueil de plusieurs Lettres familieres d'un Curé, adressées à d'autres Curez, contenant diverses Pratiques pour sanctifier les Paroisses. *Paris*, 1694.

1544 Lettres & Discours du R. P. Charles de Condren, second Superieur Général de l'Oratoire. *Paris*, 1664.

1545 Lettres Spirituelles, contenant divers Avis pour la pratique des Vertus Chrétiennes, & pour les Retraites. *Paris*, 1676.

1546 Lettre d'un Abbé Régulier sur le sujet des Humiliations & autres Pratiques de Religion. *Paris*, 1677.

1547 Lettres Spirituelles de M. Ollier. *Paris*, 1698.

1548 Lettres Spirituelles recueillies par un Ecclésiastique. *Paris*, 1664. 2. *vol.*

1549 Considerations sur les plus importantes Vérités du Christianisme, ou Retraite de dix jours, avec un petit Traité de la Perfection Chrétienne, par M. l'Abbé de Brion. *Paris*, 1724.

1550 Diverses Retraites. *Paris*, 1685. 3. *vol.*

1551 Instructions & Méditations pour la Retraite annuelle de dix jours, conseillée aux Curez & autres Ecclésiastiques. *Paris*, 1677.

1552 Méditations pour tous les jours de la Semaine Sainte. *Paris*, 1674.

1553 Directorium Morientium ad usum Ordinis Cartusiensis. *Correriæ*, 1685.

1554 Le Dictionnaire des Mourans à l'usage des Chartreux. *A la Courrerie*, 1686.

1555 Sentimens des PP. de l'Eglise sur divers sujets de Pieté, pour tous les jours du Mois. *Paris*, 1693.

1556 La Pieté envers Jesus-Christ, ou Méditations sur les Mysteres & sur les Paroles de N. S. J. C. *Roüen*, 1697.

1557 Prieres & Instructions Chrétiennes, par le P. Sanadon, Jésuite. *Paris*, 1731.

1558 Prieres touchantes & effectives. *Paris*, 1712. 2. *vol.*

1559 Le Confesseur Charitable de l'Ame timide en façon de Dialogue, entre lui & sa Pénitente au sujet des peines interieures qu'elle souffre, au regard du tems passé, du présent & du futur, par un P. Recolet de la Province de Saint André. *Lille*, 1691.

1560 De la Modestie des Postulantes, contre l'abus des Parures à leur Prise d'Habit, par M. Heron. *Paris*, 1698.

1561 Catechisme Spirituel, contenant les principaux moyens d'arriver à la Perfection. *Paris*, 1693. 2. *vol.*

1562 Les Oeuvres Spirituelles de Madame de Bellefond, Fondatrice & Superieure du Couvent de Notre-Dame des Anges, de l'Ordre de Saint Benoît à Roüen. *Paris*, 1688.

1563 De la véritable & solide Pieté, Entretien Spirituel. *Paris*, 1690.

1563 Les puissantes & heureuses intercessions de S. François de Paule en la dévotion des Trezains ou des treize Vendredis, par le P. N. Bertin, Minime. *Reims*, 1668.

1564 Les Sentimens du Chrétien, tirés de l'Evangile des Hymnes & des Paroles de l'Eglise. *Paris*, 1696.

1565 Traité de l'Origine & de la Perfection de la Religion Chrétienne. *Chalons*, 1696.

1566 Méditations sur la Régle de Saint Benoît, tirées du Commentaire de M. l'Abbé la Trape, sur la même Régle. *Paris*, 1696.

1567 Divers Sentimens de Pieté. *Paris*, 1696.

1568 Sentimens de Pieté, ou de la nécessité de Connoître & d'Aimer Dieu, de l'Obéïssance qui lui est dûë, &c. *Paris*, 1713.

1569 Trattato della Speranza Christiana, tradotto dal Franceze. *In Venetia*, 1735.

1570 Discours Moraux sur le Jubilé, par M. de Bertoneuf. *Paris*, 1701.

1571 De l'abus des Nudités de Gorge. *Bruxelles*, 1675.

1572 Traité du Chemin de Perfection, par Sainte Thérese, & traduit par M. Arnaud d'Andilly. *Paris*, 1659.

1573 Sommaire & Abregé des Dégrés de l'Oraison, par la Mere Thérese de Jesus, Fondatrice de la Reforme des Carmes Dechaussez. *Paris*, 1612.

1574 Soliloques sur le Pseaume CXVIII. *Paris*, 1673.

1575 La Théologie de l'Amour, ou la Vie & les Oeuvres de Sainte Catherine de Sienne. *Cologne*, 1691.

1576 La Théologie de la Croix de Jesus-Christ, ou les Oeuvres & la Vie de la Bienheureuse Angele de Foligny, traduite du Latin. *Cologne*, 1696.

1577 Instructions familieres sur l'Oraison Mentale, en forme de Dialogue. *Paris*, 1693.

1578 Les Exercices de l'Homme intérieur dans la pratique de l'Oraison Mentale, avec un Traité de la la Priere & de ses Especes, & plusieurs Retraites sur differens Sujets, par Fr. Nicolas Robine. *Paris*, 1691. 2. *vol.*

1579 Avis sur les differens Etats de l'Oraison Mentale, contenus dans plusieurs Lettres écrites par un Solitaire à un de ses Disciples. *Paris*, 1710.

1580 La Théologie du Cœur, ou Recueil de quelques Traitez qui contiennent les Lumieres les plus divines des Ames saintes & pures. *Cologne*, 1679. 2. *vol.*

1581 Réflexions, Sentences & Maximes sur differens sujets de Pieté, & principalement sur l'Amour de Dieu, tirées des Oeuvres de Saint François de Sales, par M. l'Evêque de Quemper. *Paris*, 1698.

1582 La Vie & les Oeuvres d'Antoine Bourignon. *Amsterdam*, 1686. 26. *vol.*

1583 Homelies Chrétiennes sur les Evangiles du Dimanche & des Fêtes principales de l'Année, par le P. François Bourgoing de l'Oratoire. *Paris*, 1654.

1584 Les Sermons du P. Bourdaloüe. *Paris*, *Rigauld*, 15. *vol. in*-12.

1585 Sermons du Pere Cheminais, Jesuite. *Paris*, 1693. 3. *vol.*

1586 Les Mysteres Sacrés de Notre-Seigneur & de la Sainte Vierge selon le cours de l'Année, par le R. P. Charles de la Grange, Chanoine Régulier de saint Victor. *Paris*, 1697. 3. *vol*,

1587 Adriani Mangotii Monita Sacra. *Lugduni*, 1684. 4. *vol.*

1588 Vérité évidente de la Religion Chrétienne, ou élites de ses preuves, & de celles de sa liaison avec la Divinité de Jesus-Christ. *Paris*, 1694. *mar. r.*

1589 Regula Credendorum, auctore J. K. Catholico Anglo. *Leodii*, 1684.

1590 Assertio Fidei Catholicæ. *Paris.* 1618.

1591 Notarum Spongia, auctore Corn. Jansenio, Ep. Iprensi. *Lovanii*, 1641.

1592 De Purgatorio, per Jo. Tavernerium, Doct. Sorb. & de Veritate Corporis & Sanguinis Christi in Eucharistia. *Paris.* 1551.

1593 Antithesis Augustini & Calvini. *Parisiis*, 1651.

1594 Motifs de la Conversion à la Foi Catholique du sieur Estienne Briquet, ci-devant Ministre de la Religion Prétendue Reformée, par lui-même. *Paris*, 1676.

1595 Discours sur la vraye Eglise, & sur l'état présent du Calvinisme, par M. l'Abbé de Jarry. *Paris.* 1688. *mar. r.*

1596 Critique des Lettres Pastorales de M. Jurieu, par M. Paulien. *Lyon*, 1689.

1597 Réponses aux Raisons qui ont obligé les Prétendus Reformés de se séparer de l'Eglise Catholique, & qui les empêche maintenant de s'y réunir, par Mademoiselle de B... *Paris*, 1635.

1598 Retractation du sieur Daillé, Ministre à Charenton, ou Réponse au Livre intitulé : *Les Considerations de J. Daillé sur le Livre de M. de Chaumont*, par Mre. J. de Chaumont. *Paris*, 1635.

1599 Le Témoignage des Protestans en faveur de la Religion Catholique, par le sieur Rossel, Ministre Converti. *Paris*, 1671.

1600 La juste idée de la Grace immédiate, ou Réponse à la Critique de M. Jurieu. *A la Haye*, 1689.

1601 Les Erreurs des Protestans touchant la Communion sous les deux Especes. *Paris*, 1693.

1602 Traité de l'Euchariſtie, par M. Peliſſon. *Paris*, 1694.

1603 Réponſe de M. l'Abbé de Nogaret à une Lettre qui lui a été écrite de Geneve. *Paris*, 1720.

1604 Lettre Paſtorale de Monſeigneur l'Evêque de Gap, aux nouveaux Catholiques de ſon Diocèſe. *Paris*, 1700.

1605 Tuba pacis ad univerſas diſſidentes in Occidente Eccleſias, per Math. Prætorium. *Coloniæ*, 1711.

1606 La vraye & la fauſſe Religion par forme d'Entretien entre un Religieux & un Proteſtant, par le R. P. Charles-Pierre de Saint Benoît. *Paris*, 1727.

1607 L'Eternité des peines de l'Enfer contre les Sociniens, par M. l'Abbé de Cordemoy. *Paris*, 1697.

1608 L'Anti-Socinien, ou nouvelle Apologie de la Foy Catholique contre les Sociniens & les Calviniſtes, par Noël-Aubert de Verſé. *Paris*, 1692.

1609 Le nouvel Athéiſme renverſé, ou Réfutation du Syſtême de Spinoſa, par un Benedictin de la Congrégation de Saint Maur. *Paris*, 1696.

1610 Inſtitution de la Religion Chrétienne, par Jean Calvin. *Geneve*, 1561.

1611 Soixante-cinq Sermons de Jean Calvin ſur l'Harmonie ou Concordance des trois Evangeliſtes Saint Mathieu, Saint Marc & Saint Luc. 1562.

1612 Antiſtheſis Chriſti & Anti-Chriſti videlicet Papæ. *Genevæ*, 1578.

1613 L'Anti-Chriſt & l'Anti-Papeſſe, par Florimond de Remond. *Paris*, 1607.

1614 Apologia Ecclesiæ Anglicanæ. 1562.

1615 Exegesis Augustanæ Confessionis, cujus Articuli XXI. breviter & succinctè explicantur, auctore Balthazare Mentzero. 1616.

1616 Via ad pacem Ecclesiasticam in qua continentur Confessio Fidei Augustanæ, consultatio Cassandri, cum annotationibus Grotii, ejusd. Grotii Poëma de Eucharistia & de Baptismate & disquisitio Pelagiana. 1642.

1617 Andreæ Riveti Apologeticus pro suo de veræ & sinceræ pacis proposito contra Hugonis Gotii votum. *Lugd. Bat. apud Elzevir.* 1643.

1618 Pensées de Morin. 1647.

1619 Les très-merveilleuses Victoires des Femmes du nouveau Monde, & comment elles doivent à tout le Monde, par raison, commander, avec la Doctrine du Siécle doré, ou de l'Evangelique regne de Jesus Roi des Rois, par G. Postel. *Paris*, 1553. *in-16. mar.*

1620 Examen Thesium Theologicarum Jacobi Capelli, quas inscripsit, de Controversiis quæ fœderatum Belgium vexant, auctore Minutio Aquilovicano Friseio. *Thibochori*, 1624.

1621 Métamorphose de la Religion Romaine, par Aymon, Ministre. *A la Haye*, 1700.

1622 Les derniers efforts de l'Innocence affligée. *A la Haye*, 1682.

1623 Apologie pour la Sainte Céne du Seigneur contre la présence Temporelle & Transubstantation, contre les Messes sans Communions, & contre la Communion sous une Espece, par Pierre du Moulin, Ministre. *Geneve*, 1630.

1624 La Discipline des Eglises Reformées de France, ou l'ordre par lequel elles sont conduites & gouvernées, par J. d'Huisseau, Ministre de Saumur. *Saumur*, 1667.

1625 Apologie des Egliſes Reformées, où eſt montrée la néceſſité de leur ſéparation d'avec l'Egliſe Romaine, par Jean Daillé. *Charenton*, 1647.

1626 Réponſe aux deux Traitez de la perpétuité de la Foy. *Charenton*, 1665.

1627 Commentaires Philoſophiques ſur ces paroles de Jeſus-Chriſt : *Contrains-les d'entrer*, ou Traité de la Tolérance univerſelle, par M. Bayle. *Rotterdam*, 1713. 2. *vol.*

1628 L'accompliſſement des Prophéties, ou la Délivrance prochaine. *Rotterdam*, 1686. 3. *vol.*

1629 Abregé des Articles de la Foy, tiré de l'Ecriture Sainte pour l'uſage de la Jeuneſſe Suedoiſe, par Olans Laurelius, & traduit en François par Nicolas Berguis. *Stockolm*, 1694.

1630 La Pratique de Pieté addreſſant le Chrétien au Chemin qu'il doit tenir pour plaire à Dieu, écrite en Anglois par M. Louis Bayle, & en François par J. Verneuilh. *Geneve*, 1639.

1631 Sermons ſur l'Hiſtoire de la Paſſion & Sépulture de Notre-Seigneur Jeſus-Chriſt, décrite par les quatre Evangeliſtes, par Theod. de Beze. 1598.

1632 Traité de la Paix de l'Ame & du Contentement de l'Eſprit, par Pierre du Moulin, le fils. *Charenton*, 1633.

1633 Trois Sermons faits en préſence des Freres Capucins, par Pierre du Moulin, Miniſtre. *Geneve*, 1641.

1634 Expoſition de l'Epître ſeconde de Saint Paul à Thimotée en trente-cinq Sermons prononcés à Charenton, par Jean Daillé. *Geneve*, 1659.

1635 Vingt-un Sermons de J. Daillé ſur le dixiéme Chapitre de la premiere Epître de Saint Paul aux Corinthiens, prononcés à Charenton en 1664.

1665. & 1666. Geneve, 1667.

1636 Sermons de J. Daillé sur l'Epître de Saint Paul aux Colossiens. *Charenton*, 1648.

JURISPRUDENTIA

In-octavo, in-douze, &c.

JUS CANONICUM.

1637 Historia Conciliorum Generalium, auctore Edmundo Richerio. *Coloniæ*, 1683, 3. *vol.*

1638 Conciliorum omnium Orthodoxorum Generalium Nationalium, & Provincialium Chronographia, seu Epitome, per Franciscum Padillant. *Madriti*, 1587.

1639 Summa omnium Conciliorum, collecta per Barth. Carranza. *Lugd.* 1683.

1640 Synopsis septem Sanctorum Conciliorum Oecumenicorum Græcè. *Augustæ Vendelicorum*, 1585.

1641 Christoph. Justelli Codex Canonum Ecclesiæ universæ. *Paris.* 1610.

1642 Joannis Lannoii de Vera notione Plenarii apud Augustinum in Causa Rebaptisantium dissertatio. *Paris.* 1661.

1643 Réponse aux Remarques de M. de Launoy sur la Dissertation du Concile plenier dont a parlé Saint Augustin en disputant contre les Donatistes, par le sieur David. *Paris*, 1670.

1644 Joannis Lannoii Explicata Ecclesiæ Traditio

circa Canonem omnis utriusque sexus. *Parisiis*, 1672.

1645 Sacrosancti Concilii Tridentini Canones & Decreta. *Bruxellis*, 1688. *mar. r.*

1646 Idem, Excussum. *Paris.* 1697.

1647 Catechismus ad Parochos, ex Decreto Concilii Tridentini editus. *Paris.* 1661.

1648 Provinciale Concilium Coloniense. *Venetiis*, 1544.

1649 Decreta & Statuta Synodi Provincialis Mechliniensis 1570. *Antuerpiæ*, *ex off. Plant.* 1634.

1650 Statuts, Ordonnances & Réglemens faits par Monseigneur Claude de Saint Georges, Archevêque de Lyon, publiées au Synode Général du Diocèse de Lyon, tenu en 1705. *Lyon*, 1705. *mar. r.*

1651 Decreta Synodi Provincialis habitæ Rothomagi 1581. *Paris.* 1582.

1652 Le Concile Provincial des Diocèses de Normandie, tenu à Roüen l'an 1581. *Paris*, 1682.

1653 Lettre Pastorale de Monseigneur l'Evêque de Séez au Clergé de son Diocèse sur le rétablissement des Conferences Ecclésiastiques. *Séez*, 1708.

1654 Recueil des Statuts Synodaux du Diocèse de Sens, publiés dans le Synode Général tenu à Sens le 4. Septembre 1658. *Sens*, 1670.

1655 Le Premier Concile Provincial tenu à Reims l'an 1583. *Reims*, 1586.

1656 Ordonnances Synodales du Diocèse de Soissons. *Soissons*, 1701.

1657 Ordonnances Synodales du Diocèse de Laon. *Laon*, 1696.

1658 Ordonnances Synodales du Diocèse de Rodez. *Rodez*, 1674.

1659 Ordonnances Synodales du Diocèse de Bordeaux. *Bordeaux*, 1704.

1660 Recueil des anciennes & nouvelles Ordonnances du Diocèse d'Oleron. *Pau*, 1712.

1661 Ordonnances de M. l'Archevêque de Narbonne. *Narbonne*, 1671.

1662 Ordonnances Synodales imprimées par ordre de M. Jean B. de Verthamon, Evêque de Pamiers. *Toulouse*, 1702.

1663 Ordonnance de M. le Cardinal Grimaldi, Archevêque d'Aix, pour les Ordres Sacrés, traduite en François avec le Latin à côté. *Paris*, 1677.

1664 Ordonnances & Instructions Synodales, par M. Godeau, Evêque de Grasse & de Vence. *Lyon*, 1666.

1665 Codex Selectorum Canonum Ecclesiæ Metensis. *Metis*, 1699.

1666 Regulæ, Ordinationes & Constitutiones Cancellariæ Apostolicæ Innocenti XII. *Romæ*, 1691.

1667 Responsio Synodalis Concilii Balisiensis de auctoritate cujus libet Concilii Generalis supra Papam, cum Commentario.

1668 Traité de la Puissance Ecclésiastique & Temporelle. 1707.

1669 Causa Coddæana, sive Collectio Scriptorum quibus Coddæi Archiepisc. Sebastini Fides Orthodoxa, vivendi Disciplina, Regendi Ratio, Juridictio & potestas ordinaria adseruntur. *Antuerpiæ*, 1705.

1670 Traité Historique de l'Etablissement & des Prérogatives de l'Eglise de Rome, &c. *Paris*, 1685.

1671 Jus Belgarum circa Bullarum Pontificiarum receptionem. *Leodii*, 1645.
Tractatus de Jure Devolutionis, auctore Petro Stockmans. *Bruxellis*, 1668.

1673 Lettre de M. Blondel à M. de la Haye touchant la prétendue néceſſité de la puiſſance du Pape en l'Egliſe, propoſée par M. de la Milletiere. *Paris*, 1640.

1674 Abus du Jugement que M. de la Milletiere a voulu rendre contre le Livre de l'Euchariſtie, adreſſé par D. Blondel à M. de la Motte Launoy. *Charenton*, 1641.

1675 De Re Beneficiaria liber ſingularis, auctore Thom. Boileau. 1710.

1676 Specimen Juris Eccleſiaſtici apud Gallos uſu recepti, opera & ſtudio J. Doujatii. *Pariſ.* 1671. 2. *vol.*

1677 Lettres à M. ***, pour ſervir de Réponſes au P. Legrand & à la Diſſertation ſur la maniere dont les Bénéfices ſimples ſont acquis & poſſedés par quelques Congrégations Religieuſes. *Paris*, 1725.

1678 L'Abbé Commendataire, ou de l'injuſtice des Commendes, par le ſieur des Bois. *Cologne*, 1673.

1679 Inſtruction facile & néceſſaire pour obtenir en Cour de Rome toutes ſortes d'Expéditions, & ce qu'elles doivent couter, avec pluſieurs modeles d'Actes, par Jacques le Pelletier. *Paris*, 1680.

1680 Deffenſe de l'Edit du Roi concernant les Bénéfices poſſedés par les Religieux de pluſieurs Communautez, donné à Paris au mois de Novembre 1719. par M. Legrand. *Paris*, 1725.

1681 Tractatus Hiſtorico Canonicus de Cenſuris Eccleſiaſticis. 1709.

1682 Regulæ Soc. Jeſu, auctoritate ſeptimæ Congregationis Generalis auctæ. *Antuerpiæ*, 1635.

1683 Canones Congregationum Generalium Soc. Jeſu. *Antuerpiæ*, 1635.

1684 La Régle de Saint Augustin, traduction nouvelle, avec des Réflexions Morales, par le P. Thomas le Berger. *Liege*, 1687.

1685 L'Esprit de l'Ordre de Grammont, tiré de la Doctrine de Saint Estienne, par le R. P. Charles Fremont. *Paris*, 1666.

1686 Constitutions de Port-Royal. *Mons*, 1665.

1687 Constitutions pour les Meres de l'Ordre de la très-sainte Annonciade. *Paris*, 1644.

JUS CIVILE.

1688 Corpus Juris Civilis, cum notis Lud. Russardi. *Antuerpiæ, Christ. Plantin*, 1567. 10. *vol. in-8°.*

1689 Institutiones Justiniani, cum brevibus annotationibus Joachimi Hopperii. *Coloniæ*, 1560.

1690 Codex Justiniani, cum Brevibus annotationibus Joachimi Hopperii. *Coloniæ*, 1560. 2. *vol.*

1691 Appendix Codicis Theodosiani, novis Constitutionibus Cumulatior, opera Jacq. Sirmondi, Soc. Jesu. *Paris.* 1631.

1692 Joannis Borcholten in quatuor libros Institutionum Juris Civilis, Commentaria. *Genevæ*, 1639.

1693 Hadrianus Legislator, auctore Renato Bottereau. *Patavii*, 1661.

1694 Hugonis Grotii Florum Sparsio ad Jus Justinianum. *Amstelodami*, 1643.

1695 Scipionis Gentilis de conjurationibus libri duo. *Hanoviæ*, 1602.

1696 Traité des Institutions & des Constitutions Contractuelles, par Eusebe de Lauriere. *Paris*, 1715. 2. *vol.*

1697 Traité de la Légitime, de la Présentation & des secondes Nôces, par Guillaume de Champagna. *Paris*, 1720.

1698 Hugonls Grotii de Jure Belli ac pacis cum notis Jo. Frid. Gronovii. *Amstelodami*, 1701.

1699 Guill. Grotii de Principiis Juris Naturalis Enchiridion. *Jenæ*, 1674.

1700 Idem animadversionibus illustratum, curante Georgio Simone. *Jenæ*, 1693.

1701 Samuel. Pufendorfius de Officio Hominis & Civis juxta Legem Naturalem. *Londini*, 1673.

1702 Thomas Hobbes Elementa Philosophica de Cive. *Paris.* 1646.

1703 Harmonie & Conférence des Magistrats Romains avec les Magistrats François, tant Laïques qu'Ecclésiastiques. *Lyon*, 1574.

1704 Institution du Droit François, par M. Dargou, Avocat en Parlement. *Paris*, 1710. 2. *vol.*

1705 Introduction de la Pratique, par M. Ferrieres. 1694.

1706 Traité Général des Criées, Decrets, Hypotheques & Nantissement, par N. Gouget. *Paris*, 1617. *mar. noir.*

1707 Paraphrase sur les Coûtumes de Normandie, par G. Farget. *Paris*, 1577.

1708 Dissertation sur les Aides-Chevels de Normandie, appellées Aides-Coutumieres, par M. Jost. *Roüen*, 1706.

1709 Explication de l'Edit de Nantes, par les autres Edits de Pacification, &c. par M. P. Bernard. *Paris*, 1666.

1710 Code Militaire, par M. le Chevalier Desparre. *Paris*, 1707.

1711 Code Militaire, ou Compilation des Ordonnances des Rois de France, concernant les Gens de Guerre, par le sieur Briquet. *Paris*, 1728. 5 *vol.*

1712 Instructions nouvelles sur les Procedures Civiles & Criminelles du Parlement & autres Jurisdictions qui en dépendent, avec un Style de Conclusions. *Paris*, 1725.

1713 Coûtumes de la Prevôté & Vicomté de Paris, avec les Notes de M. Charles du Moulin, restituées en leur entier; ensemble les Observations de M. Jean Tournet & Jacques Jolly. *Paris*, 1660.

1714 Coûtumes du Bailliage de Sens & anciens Ressorts d'icelui, avec les Notes de M. Jean Perron.

1715 Plaidoyers Historiques, par M. Tristan. *Lyon*, 1650.

1716 Introductio in Jus Publicum Imperii Romano-Germanici, auctore Georgio Schultz. *Jenæ*, 1710.

1717 De Laudibus Legum Angliæ. *Londini*, 1616.

SCIENTIÆ ET ARTES

in-octavo, in-douze, &c.

PHILOSOPHIA.

1718 Divi Platonis opera, à Mansilio Fiscino translata. *Lugd.* 1550. 9. *vol.*

1719 Averois Commentarii in Aristotelis opera omnia. *Venetiis*, 1560. 12. *vol. in-8°. mar. r.*

1720 L. Annei Senecæ opera quæ extant, cum notis variorum. *Amstelodami*, *Dan. Elzevir.* 1672. 3. *vol. in-8°.*

1721 Les Epîtres de Senecque, traduites par le sieur Malherbe. *Roüen*, 1668. 2. *vol.*

1722 Le Monde de M. Descartes, ou le Traité de la Lumiere & des principaux objets des Sens, avec un Discours du Mouvement Local, & un autre des Fiévres, composés selon les Principes du même auteur. *Paris*, 1664.

1723 Philosophia vetus & nova ad usum scholæ accomodata in Regia Burgundia olim pertractata. *Paris.* 1687. 6. *vol.*

1724 Réponse au Livre qui a pour titre : *P. Danielis Huetii Censura Philosophia Cartesiana*, servant d'éclaircissement à toutes les parties de la Philosophie, sur-tout à la Métaphysique, par P. Silvain Regis. *Paris*, 1691.

1725 La Philosophie Moderne par demandes & réponses, contenant la Logique, la Métaphysique, la Morale & la Physique, par M. de Lelevel. *Toulouse*, 1697. 3. *vol.*

1726 La Philosophie naturelle rétablie en sa pureté. *Paris*, 1651.

1727 Preuve des Existences, & nouveau Systême de l'Univers, ou idée d'une nouvelle Philosophie. *Paris*, 1702.

1728 Franciscus Picus Mirandula de studio Divinæ & Humanæ Philosophiæ. *Halæ*, 1702.

1729 Nouveaux Systêmes, ou nouveaux Plans de Méthodes qui marquent une route nouvelle pour parvenir en peu de tems & facilement à la connoissance des Arts & des Exercices du Corps, par M. de Vallange. *Paris*, 1710.

1730 La Science des Personnes de la Cour, de l'Epée & de la Robe, du sieur de Chevigny, augmentée & continuée jusques à présent, par M. de Limiers. *Amsterd.* 1723. 4. *vol.*

1731 Uranie ou Tableaux des Philosophes, par M. le Noble. *Paris*, 1694.

METAPHYSICA. MORALIS.

1732 De l'Immortalité de l'Ame, par le sieur de Silhon. *Paris*, 1662.

1733 Systême du Cœur, ou conjectures sur la maniere dont naissent les differentes affections de l'Ame, principalement par rapport aux objets sensibles, par M. de Clavigny. *Paris*, 1704.

1734 Réflexions sur la Prémotion Physique, par le R. P. Malebranche. *Paris*, 1715.

1735 Jo. Stobæi Sententiæ ex Thesauris Græcorum delectæ. *Antuerpiæ*, 1545.

1736 Senecas Morals by Way of abstraet by sio. R. l'Estrange. *London*, 1688.

1737 Libelli aliquot Formandis, tum inventis moribus, tum Linguæ Græcæ, Latinæ, Gallicæ & Germanicæ utilissimi, opera J. Cherpontii. *Apud Eusthium Vignon*, 1581.

1738 Epitecti Enchiridion, cum Cebetis Tabula Græcè & Latinè, ex recensione Abrahami Berkeli. 1670. *in*-8°.

1739 Entretiens sur ce qui forme l'honnête Homme & le vrai Sçavant. *Paris*, 1690.

1740 La véritable grandeur d'Ame, avec un Traité du vrai & du faux Point d'Honneur, par M. le Marquis de ***. *Paris*, 1725.

1741 Réflexions sur ce qui peut plaire ou déplaire dans le Commerce du Monde, par M. ***. *Paris*, 1689. 2. *vol.*

1742 Les Caracteres de Theophraste traduits du Grec, avec les Caracteres & les Mœurs de ce siécle. *Paris*, 1716.

1743 Suite des Caracteres de Theophraste. *Paris*, 1700.

1744 Réflexions sur la félicité de cette Vie mortelle. *Paris*, 1717.

1745 Entretiens de Petrarque sur la bonne & mauvaise Fortune, ou l'Art de vivre heureux. *Paris*, 1673. 2. *vol.*

1746 Les Consolations de la Philosophie & de la Théologie, par le Pere de Ceriziers. *Paris*, 1640.

1747 Justus Lipsius de Constantia. *Amstelodami*, *Lud. Elzevir*. 1652.

1748 De l'égalité des deux Sexes, Discours Physique & Moral. *Paris*, 1676.

1749 Réflexions sur divers sujets de Morales & de Politiques, par Monsieur de Vernage. *Paris*, 1703.

1750 Réflexions sur divers Sujets. *Paris*, 1711.

1751 De l'Institution du Prince, par Jean Heroard de Vaulgrigneuse. *Paris*, 1609.

1752 De l'Education d'un Prince. *Paris*, 1670.

1753 Ideas Politicas y Morales a la Eterna Sabidura, por Géronimo Fernandez de Maa. *En Toledo*, 1640.

POLITICA.

1754 Franciscus Patricius Senensis de Institutione Reipublicæ. *Paris.* 1585.

1755 Tractatio Juridico Politica de Reipublicæ Constitutione, auctore Daniele Reyser. *Jenæ*, 1667.

1756 Cyriaci Lentuli Augustus, sive de Conventenda in Monarchiam Republica juxta ductum & mentem Taciti. *Amstelodami*, *Lud. Elzevir.* 1645.

1757 Francisci Patricii Senensis de Regno & Regis Institutione libri novem. *Paris.* 1582.

1758 Justi Lipsii Politicorum, seu Civilis Doctrinæ libri sex, qui ad principatum maximè spectant, accessit liber de una Religione. *Lugd. Bat.* 1634.

1759 El Manual de Grandes que escrivio en Lingua Toscana Sebastian Quirini, traduzido al Idioma Castellano, por Matheo Prado. *En Madrid*, 1640.

1760 El conseiero mas opportuno para Restauracion de Monarquias, por il Doctor D. Joseph Micheli. *En Madrid*, 1645.

1761 El despertador que avisa a un Principe Catholico y a de las inquietudes de la Guerra, y y a de de los sossiegos de la Paz, escrive D. Geronimo de Ortega. *En Madrid*, 1647.

1762 Declamaciones escarmientos Politicos y Morales que escrivio el DD. Felix de Lucio Espinosa y Malo. *En Madrid*, 1674.

1764 El Rey Gallo y discusos de la Hormiga, Viage discursivo del Mundo y ingratitud del Hombre su auctor Francisco Santos. *En Valencia*, 1694.

1765 Hippoliti à Collibus incrementa Urbium, sive de Causis Magnitudinis Urbium. *Hanoviæ*, 1600.

1766 Il Principe, studioso di Tomaso Tomasi. *Venetia*, 1643.

GEOMETRIA, ASTRONOMIA, ASTROLOGIA, &c.

1767 Euclidis Elementorum Libri XV. Græcè & Latinè. *Paris.* 1579.

1768 Euclide traduit en François & augmenté de plusieurs figures & démonstrations, avec la correction des erreurs commises à autres Traductions, par M. le Mardele. *Paris*, 1622.

1769 La Géometrie-Pratique, contenant la Trigonométrie Théorique & Pratique, la Longimétrie, la Planimétrie & la Stereométrie, par M. Ozanam. *Paris*, 1684.

1770 Nouvelle Introduction à la Géometrie Pratique, par le Chevalier Daudet. *Paris*, 1730. 3. *vol.*

1771 Des communes Mesures & Racines communes, des quantités Litterales du partage, par Taneguy Lefevre. *Paris*, 1714.

1772 Le grand & fameux Problême de la quadrature du Cercle, résolu Géometriquement par le Cercle & la Ligne droite, par M. Mallemant de

S

Messange. *Paris*, 1686.

1773 Sphera Jo. de Sacro Bosco, emendata à Fr. Junctino. *Lugduni*, 1578.

1774 Harmonie des deux Sphéres. *Paris*, 1731.

1775 Guillelmi Postelli de Universitate libri duo, in quibus Astronomiæ doctrinæ vi Cœlestis Compendium exhibetur. *Lugd. Bat.* 1635.

1776 L'usage des Ephémerides, par Ant. de Villon. *Paris*, 1624. 2. *vol. in*-8. *mar.*

1777 Prutenicæ Tabulæ Cœlestium Motuum, auctore Erasmo Reinholdo. *Witeberga*, 1585.

1778 Pensées diverses à l'occasion de la Cométe de 1680. 1699. 2. *vol.*

1779 Aphorismes d'Astrologie, par Meyssonnier. *Lyon*, 1657.

1780 La Magie naturelle de J. B. Porta. *Roüen*, 1620.

1781 Agrippæ opera. *Lugd.* 2. *vol.*

1782 Jugemens Astronomiques sur les Nativités, par Ferrier. *Lyon*, 1582.

1783 Della Geomancia di Pietro d'Albano. 1549.

1784 Della Geomantia, per G. Geber. *In Venetia*, 1552.

1785 Phisionomia y varios secretos, por D. Cortes. *En Barcelona*, 1629.

1786 J. B. Portæ Phisionomia Cœlestis. *Lugd. Bat.* 1645.

1787 De Humana Physignomonia J. B. Portæ. 1650.

1788 J. Frid. Helvetii tractatus de Physiognomia. *Amstelod.* 1676.

1789 Petri de Abbano Decisiones Phisionomiæ. *Venetiis*, 1548.

1790 Ant. Picciolus, seu Rapitus Renovatus de manus inspectione. *Bergomi*, 1587.

1791 Chiromancia del Trigasso. 1644.

1792 Longini Trinum Magicum. *Francofurti*, 1630.

1793 Bened. Peretii Valentini Soc. Jes. Tractatus de Magia, de Observatione Somniorum, & de Divinatione Astrologica.

1794 Georgii Ragusei Epistolarum Mathematicarum, seu de Divinatione libri duo.

1795 Peuceri Commentarius de Præcipuis Divinationum generibus. *Wittembergæ*, 1553.

1796 Des Jugemens Astronomiques sur les Divinités. 1550.

1797 Traité du Tonnerre, Eclairs, Foudre, Grêle & Tremblement de Terre, auquel est aussi parlé des Sorciers, & du pouvoir qu'ils ont. 1592.

1798 J. Wieri de Præstigiis Dæmonum & Incantationibus ac Veneficiis libri quinque. *Basileæ*, 1566.

1799 Artemidori Daldiani de Somniorum interpretatione. *Basileæ*, 1544.

1800 Aposomaris Apotelesmata, sive liber de Significatis & Inventis ex Indorum, Persarum, Ægyptorumque Disciplina depromptus. *Francofurti*, 1577.

1801 Curiosités inoüies de Gaffarel. *Paris*, 1636.

1802 Idem Latinè cum notis. *Hamburgi*, 1676. 2. *vol.*

1803 La Physique Oculte, ou Traité de la Baguette Divinatoire. *Paris*.

1804 Régle artificielle du Tems, des Orloges & des Montres, differentes Constructions, de la maniere de les reconnoître & de les régler avec justesse, par H. Sully. *Paris*, 1717.

1805 Dialogue sur la Musique des Anciens. *Paris*, 1725.

1806 Traité des Languettes Imperiales pour la perfection du Clavecin. *Paris*, 1679.

HISTORIA NATURALIS.

1807 C. Plinii secundi Historia Naturalis. *Venetiis, Aldus*, 1536. 4. *vol. in-8. mar. r.*

1808 C. Plinii secundi Historia Naturalis. *Lugd. Bat. Elzevir.* 1635. 3. *vol. in-16. mar. violet.*

1809 Bodini Theatrum universæ Naturæ. *Lugduni*, 1596.

1810 Sennertus de Rerum Naturalium principiis, qualitatibus, viventium generatione, &c. *Francofurti*, 1636.

1811 De Natura Lucis. 1638.

1812 Phytognomonica Jo. Bap. Portæ. 1608.

1813 Philosophia Plantarum, auctore G. Duval, *Paris.* 1647.

1814 Petri Magnol Botanicum Monspeliense, seu Plantarum Monspelium nascentium Index *Monspelii*, 1686.

1815 Petri Magnol Prodromus Historiæ Generalis Plantarum. *Monspelii*, 1689.

MEDICINA, ANATOMIA, CHIRURGIA.

1816 Galeni opera omnia. 1544. 9. *vol.*

1817 Nova Methodus pro explicando Hippocrate & Aristotele. 1668.

1818 Aurelius Corcellus de Medicina & de Peuderibus ac mensuris.

1819 Fuchsii Institutiones Medicæ. 1649.

1820 Jacchæi Institutiones Medicæ. 1631.

1821 Sennerti Institutiones Medicinæ. 1633. 2. *vol.*

1822 Dissertatio Academica de Humoribus. 1708.

1823 Nouveau Systême de Microcosme, ou Traité de la Nature de l'Homme, par le sieur de Timogue. *A la Haye*, 1727.

1824 Emmenologia in qua fluxus muliebris Menstrui Phænomena, periodi, vitia, cum medendi Methodo ad rationes Mechanicas exiguntur, auctore Joan. Friend. *Paris.* 1727.

1825 Schola Salernitana. *Paris.* 1625.

1826 Florida Corona quæ ad Sanitatis Hominum conservationem ac Longævam vitam perducendam sunt necessaria continens, auctore Ant. Gazio Patavino Medico. *Lugd.* 1534.

1827 De Conservanda Bona valetudine opusculum Scholæ Salernitanæ ad Regem Angliæ, cum Arnoldi Novocomensis Medici & Philosophi antiqui enarrationibus denuo recognitis, per Jo. Curionem & Jac. Crellium. *Paris.* 1555.

1828 Auctuarius de Urinis. *Trajecti ad Rhenum*, 1670.

1829 Guillelmi Rondeletti, Doctoris Medici, ad Cito & facile omnes morbos cognoscendos optimo ordine descripta methodus.

1830 Hollerius de Morbis internis, de Febribus & de Peste. *Paris.* 1572.

1831 Fernelii universa Medicina. 1627.

1832 Praxis Medica Remberti Dodonæi. *Amstelod.* 1616.

1833 Riolani generalis Methodus Artis bene medendi. 1638.

1834 Sennerti Epitome Institutionum Medicinæ &

liber de Febribus. *Amstel.* 1655.

1835 Epitome de Morbis curandis.

1836 Jonstoni Idea universæ Medicinæ Practicæ. *Amst. Elzevir.* 1652.

1837 Schmitzii Compendium Practicæ Medicinæ. 1673.

1838 Riverius Renovatus. 1704.

1839 Valesii Controversiæ Medicæ. 1591.

1840 Peredæ in Paschalii Methodum curandi Scholia. 1602.

1841 Pacini Dissertatio de Febre. 1558.

1842 Jasonis Pratensis Zyricei de Cerebri Morbis. 1549.

1843 Le Medecine partenenti alle informita delle donne, scritte per Giovanni Marinello. *In Venetia*, 1574.

1844 La Méthode Curatoire de la Maladie Vénérienne. 1660.

1845 De Curatione per Sanguinis missionem, &c. 1655.

1846 Praxis Medicinæ Theoricæ & Empiricæ. 1590.

1847 Paracelsi opera. *Basileæ*, 1575. 2. *vol.*

1848 Remberti Dodonæi Medicinalium observationum, exempla rara, *Hardervici*, 1521.

1849 Riolani opera Anatomica. 1652.

1850 Thomæ Bartholomæi Anatome. *Lugd. Bat. ex off. Hackiana*, 1673.

1851 Veslingii Syntagma Anatomicum. 1641.

1852 G. Charletton Exercitationes Physico Anatomicæ. *Amstel.* 1659.

1853 La Chirurgia dell' Excell. Dot. e Cavalier M. Leonardo Fioraventi Bolognese distinta in tre libri. *In Venetia*, 1595.

1854 Compendio di tutta la Chirurgia, per Pierro & Ludovico Rostini Medici. *In Venetia*, 1607.

1855 Institutione di Cirugia, di G. Tagaultio. *In Venetia*, 1637.

1856 Cours d'Opérations de Chirurgie, par M. Dionis. *Paris*, 1707.

1857 La grande Chirurgie des Tumeurs, par J. Vigier. 1611.

1858 Antonius Saporta de Tumoribus. 1624.

1859 Traité général des Acouchemens, par M. Dionis. *Paris*, 1718.

1860 Ritus Facultatis Medicinæ. 1716.

1861 Decreta & Ritus ejusdem. 1714.

1862 Statuta ejusd. 1696.

PHARMACIA, CHYMIA ET ALCHYMIA.

1863 Osvaldi Crollii Basilica Chimica. *Geneva*, 1631.

1864 Sylvii Methodus Medicamenta Componendi. 1549.

1865 Antidotarium, sive de Componendorum Remediorum Ratione. 1561.

1866 Sylvius de Medicamentorum Simplicium delectu. 1562.

1867 Dispensarium Usuale pro Pharmacopæis Reip. Coloniensis. 1565.

1868 Petri Morelli Methodus præscribendi Formulas.

1869 Guillelmi Rondeletti de Ponderibus, sive de justa quantitate & proportione Medicamentorum liber. *Lugduni*, 1560.

1870 Cours de Chimie, par Davissonne. *Amiens*, 1675.

1871 Institutiones Chymicæ Prodromæ, id est Joan. Joachimi Becheri Spirensis Oedipus Chymicus. *Amstelod.* 1664.

1872 Bocheri Experimentum Chymicum novum. 1671.

1873 Chymista Scepticus à Domino Boyle. *Londini*, 1662.

1874 Georgii Ernesti Stahl Ætiologiæ Phisiologico-Chymicæ. *Jenæ*, 1683.

1875 Georgii Ernesti Stahl observationes Chymico-Physico-Medicæ curiosæ singulis mensibus continuandæ. *Lipsiæ*, 1697.

1876 Theatrum Chymicum. *Ursellis*, 1602. 3. *vol.*

1877 Artis Chemicæ Principes. *Basileæ*, 1572.

1879 Secreti diversi è Miracolosi Raccolti del Faloppia, & approbati di altri Medici di gran Fama. *In Venetia*, 1602.

1880 Secreti Medicinali di M. Pietro Bairo da Turino. *In Venetia*, 1602.

1881 Li Mirarigliosi secreti di Medecina è Chirurgia, raccolti dalla Pratica del Gio. Batt. Zapata, *In Venetia*, 1611.

1882 Secreti Diversi è Miracolosi raccolti dal Faloppia. *In Venetia*, 1602.

1883 De Secretis Libri XVII. per Jo. Jac. Werkerum. *Basileæ*, 1629.

1885 Dissertation Apologetique des Remedes mis au jour par Mademoiselle de Rezé, pour la Goute, Rhumatismes, Sciatiques, les Dartres vives, &c. 1719.

1887 Medicina Diastatica, Andræ Tentzelii. *Efurti*, 1666.

1888 Cœlum Philosophorum. 1543.

1889 Alchemiæ Artisque Metallicæ doctrina. 1572.

1891 Raymundi Lullii opera. *Argentorati*, 1651.

1892 Raimundi Lulli de Secretis Naturæ, ſive quinta eſſentia libri duo. *Venetiis*, 1542.

1893 Le Grand Art de R. Lulle. 1634.

1896 Jo. Henr. Alſtedi Clavis Artis Lullianæ. *Argentorati*, 1652.

1897 Michaelis Maieri Viatorium, hoc eſt de Montibus Planetarum, ſeu Metallorum tractatus. 1651.

1898 Progimnaſmata Alchemiæ, ſive Problemata Chymica, auctore Martino Rulando. *Francofurti*, 1607.

1900 Geberis ſumma perfectionis Magiſterii. 1540.

1901 Ars & Theoria Tranſmutationis Metallicæ. 1550.

1902 Hydrographum Spagyricum J. P. Fabri. 1639.

1903 Palladium Spargiricum.

1904 La Lumiere ſortant des Ténébres, ou véritable Théorie de la Pierre des Philoſophes. 1687.

1905 Philoſophiæ Chymicæ quatuor vetuſtiſſima ſcripta, ex Arabico Sermone Latina facta. *Ffurti*, 1709.

1906 Libavii Rerum Chymicarum Epiſtolica forma. 1595.

1907 De Auro Medico Philoſophorum.

1908 Cheiragogia Heliana de auro Philoſophico, necdum cognito. 1612.

1909 Aurum ſuperius & inferius, Auræ ſuperioris & inferioris Hermeticum Chriſt. Adolphi Balduini. *Amſtel.* 1675.

1910 Cœlum Philoſophorum, ſive liber de Secretis Naturæ, per Philippum Ulſtadium ex variis auctoribus accurate ſelectus variiſque figuris illuſtratus, acceſſit Anton. Campeſii Directorium Summæ Summarum Medicinæ. *Lugd.* 1557.

1911 Harmonie Myſtique, ou Accord des Philoſophes Chymiques, par le sieur Lagneau. 1636.

1912 Mulleri Miracula Chymico Medica, &c. 1616.

1914 Rulandi Curationes Empiricæ. 1628.

1915 J. Quercetani responsio ad veritatem Hermeticæ Medicinæ adversus anonymum. 1605.

1916 Harveti defensio Chymiæ. 1604.

1917 Ant. Guntheri Thessalus redivivus, seu dissertatio de vanitate Medicinæ, Chymicæ & Hermeticæ, &c. 1643.

1918 Des Talismans, par le sieur de l'Isle, avec des Observations contre Gaffarel. *Paris*, 1636.

HUMANIORES LITTERÆ

In-octavo, in-douze, &c.

GRAMMATICI.

1919 J. Buxtorfii Lexicon Hebraïcum & Chaldaïcum. *Basileæ.*

1920 Pagnini Epitome Linguæ Sanctæ. *Ex off. Plantiniana*, 1609.

1921 J. Buxtorfii Florilegium Hebraïcum. *Basileæ*, 1648.

1922 Grammatica Hebræa Eliæ Levitæ. *Basileæ*, 1537.

1923 Grammatices Hebrææ Michaëlis Neandri Tabulæ.

1924 Petri Martini Grammatica Hebræa. *Amstelodami*, 1621.

1925 Alphabetum Hebraïcum. *Paris. Rob. Stephanus*, 1539.

1926 Ant. Jordini Hebraïcè Radices. *Lugduni*, 1624.

1927 Grammatica Hebraïca à punctis libera. *Paris.* 1716.

1928 Card. Bellarmini Institutiones Hebraïcè. *Parisiis*, 1622.

1929 Buxtorfii Epitome Hebrææ Grammaticæ. *Basileæ*, 1629.

1930 Nouvelle Méthode d'une Langue Universelle, & le secret de lire l'Hebreu sans points. *Paris*, 1687.

1931 Nouvelle Méthode pour apprendre l'Hebreu & la Caldaïque, avec le Dictionnaire des Racines de ces deux Langues. *Paris*, 1708.

1932 Hen. Diestii Grammatica Hebrææ, cum Rudimentis Linguæ Chaldaïcæ & Syriacæ. *Davantriæ*, 1665.

1933 Radices Linguæ Græcè. *Coloniæ*, 1600.

1934 Georg. Pasoris Manuale novi Testamenti. *Amstel. Elzevir.* 1654.

1935 Nouvelle Grammaire Grecque, par M. Mellier. *Paris*, 1675.

1936 Laurentiæ Vallææ Elegantiæ Latinè. *Lugduni*, 1554.

1937 Franc. Pomey S. J. Indiculus Universalis. *Lugd.* 1677.

1938 Adriani Junii Nomenclator omnium rerum variis Linguis. *Antuerpiæ*, 1577.

1939 Grammaire Françoise, par M. Restaud. *Paris*, 1732.

1940 Compendium Linguæ Italicæ. 1644.

1941 Nouvelle Méthode pour apprendre la Langue Italienne. *Paris*, 1664.

1942 Guidon de la Langue Italienne, par Nathanael Duez. *Paris*, 1673.

1943 Grammaire Espagnole, d'Oudin. *Roüen*, 1660.

1944 Dictionnaire des Rîmes, par Richelet. 1702.

1945 Grammaire Italienne, Françoise & Espanole, par Ant. Fabre. *Venise*, 1646.

1946 Tesoro de las dos Linguas Espagnola y Francesa, de Cesar Oudin. 1675. 2. *vol.*

1947 Dictionnaire Royal François & Anglois.

1948 L'Art de parler Allemand, par le sieur Leopold. *Paris*, 1690. 2. *vol.*

1949 Nathaelis Duez Dictionarium Germanico Gallico-Latinum. *Genevæ*, 1673. 2. *vol.*

1950 Dictionnaire du Voyageur, François, Allemand & Latin. *Geneve*, 1732.

ORATORES.

1951 Ciceronis opera. *Lugd. Bat. Elzevir.* 1642. 14. *vol.*

1952 Ciceronis Liber de Claris Oratoribus, in usum Delphini. *Oxonii*, 1716.

1953 Cicero de Natura Deorum, cum notis Davisii & Valkeri. *Cantabrigiæ*, 1718.

1954 Cicero de Finibus bonorum & malorum, cum notis Bentleii. *Cantabrigiæ*, 1718.

1955 Quintiliani Institutiones Oratoriæ. *Lugduni*, 1540.

1956 Livii Conciones cum notis. *Paris. Colinæus*, 1532. *mar. r.*

1957 Conciones & Orationes ex Historicis Latinis excerptæ in usum Scholarum Hollandiæ. *Amstelodami*, 1641.

1958 Vossii Rhetorica contracta. *Paris.* 1671.

1959 Oraisons Funebres de M. Flechier. *Paris*, 1691.

POETÆ GRÆCI.

1960 Homeri Illias Græcè, cum notis. *Oxonii. in-8.*

1961 L'Illiade & l'Odissée d'Homere traduits en François, par M. de la Valterie. *Paris*, 1699. 4. *vol.*

1962 L'Illiade d'Homere, traduite en François par M. Dacier. *Paris*, 1711. 3. *vol.*

1963 La Ulyxea de Homero traduzida de Griego in Lingua Castellana, por Gonçalo Perez. *Anvers*, 1556.

1964 Æschilii opera Græcè. *Paris. Turnebius*, 1552.

1965 Sophoclis Tragediæ. *Cantabrigiæ*, 1665.

1966 Pindari opera Latino Carmine, reddita per Sudorium. *Venetiis*, 1582.

1967 Calimachi Hymni, Epigrammata & Fragmenta Gr. Lat. ex recensione Grævii, & cum notis Spanhemii & variorum. *Ultrajecti*, 1697. 2. *vol. in-8.*

1968 Veterum Poëtarum Græcorum Poëmata, cura J. Vorstii. *Francofurti*, 1692.

POETÆ LATINI.

1969 Terentius, ex recensione Heinsii. *Amstelodami*, 1626.

1970 Terentius. *Londini*, *Tonson*, 1713.

1971 Les Comedies de Terence, traduites en François par Madame Dacier. *Paris*, 1688. 3. *v. m. r.*

1972 Discours de M. Menage sur l'Heautontimorumenos de Terence. *Utrecht*, 1690.

1973 Virgilii opera. *Antuerpiæ*, 1625.

1974 Idem. *Lugd. Bat. Elzevir.* 1636.

1975 Horatii Poëmata, cum Paraphrasis Frid. Ceruti. *Veronæ*, 1593. 2. *vol. mar. r.*

1976 Horatii opera, cum notis J. Bond. *Lugduni*, 1667.

1977 Horatii opera. *Londini*, *Tonson*, 1715.

1978 Horace de Martignac. *Paris*, 1696. 2. *vol.*

1979 Ovidii opera cum notis. *Lugd. Bat. Elzevir.* 1629. 3. *vol.*

1980 Heinsii Notæ in Ovidii opera. 3. *vol.*

1981 Ovidii opera. *Londini*, *Tonson*, 1715. 3. *vol.*

1982 Ovidii Methamorphoseon Libri XV. ad usum Delphini. *Oxonii*, 1696. *in-8.*

1983 Petrone Latin & François, suivant le Manuscrit trouvé à Belgrade en 1688. 1694. 2. *vol.*

1984 Juvenalis & Persii Satyræ. *Amstelodami*, 1626.

1985 Juvenalis & Persii Satyræ, cum notis Fornabii. *Amstel.* 1670.

1986 Juvenalis & Persii Satyræ. *Amst. Elz.* 1671.

1987 Juvenalis & Persii Satyræ. *Londini*, *Tonson*, 1716.

1988 Persii Satyræ, cum notis Bond. *Amstelodami*, 1645.

1989 Catullus, Tibullus & Propertius. *Venetiis*, *Aldus*, 1502.

1990 Catullus, Tibullus & Propertius, cum Galli fragmentis. *Amstel.* 1626.

1991 Idem. *Londini*, *Tonson*, 1715.

1992 Martialis Epigrammata, cum notis Farnabii. *Amstelodami*, 1644.

1993 Martialis ex Musæo Scriverii. *Amstelodami*, *Elzevir*. 1664.

1994 Martialis Epigrammata. *Londini*, *Tonson*, 1716.

1995 C. Silii Italici de Bello Punico secundo, Libri XVII. ex recensione Cellarii. *Lipsiæ*, 1595.

1996 Silius Italicus de Bello Punico secundo. *Amstelodami*, 1620.

1997 Lucani Pharsalia, cum notis Grotii. *Lugd.* 1670. 2. *vol.*

1998 Aurelii Prudentii opera. *Amstel.* 1625.

1999 Claudianus. *Amstel.* 1620. *mar. r.*

2000 Idem. *Amstel.* 1677.

2001 Senecæ & aliorum Tragediæ. *Amstelodami*, 1668.

2002 Q. Sectani Satyræ in Philodemum, cum notis variorum. *Coloniæ*, 1698.

2003 Acute dicta omnium veterum Poëtarum Latinorum. *Paris.* 1691.

2005 Voluptatis ac Virtutis pugna, Comedia Tragica nova & pia, per Jac. Scœpperum. *Coloniæ*, 1546.

2006 T. Bezæ Vezelii Poëmata. *Lutetiæ*, 1548.

2007 C. J. Cælii Sedulii aratoris sacra Poësis. *Lug.* 1553.
2008 Scaligeri Poëtica. 1581.
2009 Merlinus Cocaius. *Venetiis*, 1613.
2010 Antonius de Arena. 1670.
2011 Morhoffii opera Poëtica. *Lubecæ*, 1697.
2012 Jac. Wallii Soc. Jes. Poëmata. *Norimbergæ*, 1697.
2013 Hoschii & Becani Soc. Jes. Poëmata. *Norimbergæ*, 1697.
2014 Tanaquillus Faber de Futilitate Poëtices. *Amstelodami*, 1697.
2015 Lusuum Ingenii ex Præstantium Poëmatum recentiorum rarioribus scriptis excerptum. *Lipsiæ*, 1699.
2016 Schurtz Fleichii Poëmata Latina & Græca. *Wittembergæ*, 1702.
2017 Marcelli Patingenii Zodiacus Vitæ Humanæ. *Lugd.* 1556.
2018 G. Buchanani Poëmata. *Lugd. Bat. Elzevir.* 1626. *mar. r.*
2019 Menagii Poëmata. *Amstelodami*, *Elzevir.* 1673.
2020 J. Oweni Epigrammata. *Lugd. Bat. Elzevir.* 1682.

POETÆ GALLICI.

2021 Les Oeuvres de Clement Marot. *Paris*, 1544. 2. *vol. mar. r.*
2022 Huitains Poëtiques de l'Onction des Roys, & de l'obéissance qui leur est dûë, par J. de la Maison-Neuve de Berri. *Paris*, 1561.
2023 Les Oeuvres de Joachim de Bellay. *Paris*, 1573.
2024 Les Oeuvres de Mellain de Saint Gelais. *Lyon*, 1574. *mar. r.*

2025 Les Oeuvres d'Estienne Jodelle. *Paris*, 1583.

2026 Les Oeuvres de Remy Belleau. *Lyon*, 1592.

2027 Satyre Menipée contre les Femmes, par Thomas Sonnet. *Lyon*.

2028 Les premieres Oeuvres de Philippe des Portes. *Paris*, 1600.

2029 Les Oeuvres de Ronsard. *Paris*, 1629. 5. *vol.*

2030 Les Tragédies de Garnier. *Roüen*, 1605.

2031 Le Théatre de Pierre & de Thomas Corneille. *Paris*, 1692. 10. *vol.*

2032 Nicolaï Boileau opera è Gallicis numeris in Latinos, translata à D. Gòdeau. *Paris.* 1737.

2034 Oeuvres de Rousseau. *Soleure*; 1712.

2035 La Henriade; nouvelle édition. 1730.

2038 Le Théatre de Crebillon. *Paris*, 1717.

2039 Pyrrhus, Mirtil & Melicerte, les Fées, Colin-Maillard, le Capricieux, l'Andrienne, les Empiriques, Cephale & Procris, Piéces toutes séparées. 8. *vol.*

2040 Les Oeuvres de Campistron. *Paris*, 1698.

2041 Venceslas, Esther, Médée, Oreste & Pilade; Meleagre, Gabinie, Penelope, Piéces toutes séparées. 7. *vol.*

POETÆ ITALICI ET HISPANICI.

2042 La Gierusalemme liberata di Torquato Tasso. *Venetia*, 1678.

2043 Il Pastor Fido di Guarini. *Amst. Elzevir.* 1678. *in-16*,
Aminta Favola di Tasso. *Amst. Elzevir.* 1678,
Fili di Sciro, Favola Pastorale del Conte Guidubaldo Bonarelli. *Amst. Elz.* 1678.
La Gierusalemme liberata. *Amsterd. Elzevir.* 1678. 2. *vol.*
La Donne Poëma del Marino. *Amst.* 1678. *les tomes* 1. 3. & 4.

2044 Opere Burlesche di Fr. Berni. *In Firenze*, 1584.

2045 La Lira, Rime del Cavalier Marino. *Venetia*, 1664. 2. *vol.*

2046 Li Epitalami, la Galeria, le Dicerie, è la Sampogna del Medesimo. 1664. 4. *vol.*

2047 Astianatte, Drama per Musica. *In Firenze*, 1701.

2049 La Vedova, Comedia facetissima di N. Buonaparte. *In Firenza*, 1568.

2050 Fatiche Comiche di Domenico Bruni Fulvio. *Parigi*, 1723.

2052 Las Obras de Boscan, y Algunas de Garcilasso de la Vega. *En Leon*, 1549.

2054 Las Comedias del famoso Poeta Lopez de Vega Carpio. *En Amberes*, 1607.

2055 Parte primera de Noches de Invierno. *En Bruxellas*, 1610.

2056 El Sastre del Campillo, por Fr. Santos. *En Madrid*, 1685.

2057 Cardeno Lirio, alva sin Crepusculo, y Madrid Lorando, Obras de Fr. Santos. *En Madrid*, 1690.

2058 Le Paradis perdu de Milton, Poëme Heroïque. 1729. 3. *vol.*

POLYGRAPHI.

2059 Les Oeuvres Morales de Plutarque. *Lyon*, 1588. 4. *vol.*

2060 Macrobius in Somnium Scipionis & Saturnaliorum libri 8. *Lugd.* 1532.

2061 Angeli Politiani opera. *Lugduni*, 1536. 2. *vol.*

2062 P. Crinitus de Honestâ Disciplinâ, &c. *Lugd.* 1561.

2063 Opere Selette di Ferrante Pallavicino. *In Villa-Franca*, 1673. 2. *vol.*

2064 Gli ritratti Dei Discorsi del signor Gratiani. *In Trevigi*, 1633. 2. *vol.*

2065 Gli Assolani di Monseignor Bembo. *In Venetia*, 1540.

2066 Les Epîtres Dorées d'Antoine de Guerare. *Paris*, 1573.

2067 Epîtres Françoises de Personnages illustres & doctes à M. de la Scala. *Hardewick*, 1624.

2068 Lettres Galantes & Philosophiques, par Mademoiselle..... *A la Haye*, 1721.

2069 Lettere del signor Loredano. *In Venetia*, 1685. 2. *vol.*

2070 Nuove Lettere Familiari di Pietro Bembo. *In Venetia*, 1564.

2071 Lettere di M. P. Aretino. *Pariggi*, 1609. 3. *vol.*

MYTHOLOGICA ET FABULOSA.

2072 Natalis Comitis Mythologia. *Col. Allobrog.* 1612.

2073 Hygini Augusti Liberti Fabulæ. *Lugd. Bat.* 1670.

2074 Idem cum notis. *Hamburgi*, 1674.

2075 Pantheum Mythicum. *Lugd.* 1684.

2076 Barclaii Argenis. *Lugd. Bat.* 1630.

2077 L'Histoire & plaisante Chronique du Noble & Vaillant Baudouin, Comte de Flandres, lequel épousa le Diable. *Paris*, 1502.

2078 Le Roman de la Rose. *Paris*, *Gaillot Dupré*, 1529.

2079 La Vie très-horrifique de Gargantua, pere de Pantagruel, jadis composée par M. Alcofribas, Abstracteur de Quinte-Essence. *Lyon*, 1542.

2080 Les Oeuvres de Rabelais, avec quelques Notes. *Amst. Elzevir.* 1663. 2. *vol.*

2081 Idem, avec la Clef, 1691. 2. *vol.*

2082 Histoire Macaronique de Merlin Cocaie. *Paris*, 1606.

2083 Les quinze Joyes du Mariage. 1625.

2084 Le Journal Amoureux, par Madame de Villedieu. 1680. 3. *vol.*

2085 Histoire du Marquis de Clemes, *Paris*, 1716.

2086 Il Decamerone di Boccaccio. *In Amsterdamo, Elzevir.* 1665. 2. *vol.*

2087 Le Decameron de Bocace. *Paris*, 1548.

2088 Contes & Nouvelles de Bocace avec figures. *Amsterd.* 1699. 2. *vol.*

2089 Novellas Exemplares de Miguel de Cervantes. 1614.

2091 Los Trabaios de Persiles y Sigismunda. 1617.

2092 El Diablo anda suelto verdades de la otra vida, por Fr. Santos. 1677.

2093 Vida de Lazarillo de Tormes. *En Zaragoça*, 1520.

2094 Cancionero de Romances. *En Anvers*, 1568.

2096 Leonidas, traduit de l'Anglois. *Geneve*, 1738.

HISTORIA

In-octavo, in-douze, &c.

GEOGRAPHI ET CHRONOLOGI.

2097 Philippi Cluverii Introductio in Universam Geographiam, accessit P. Bertii Breviarium orbis Terrarum. *Amstel. apud Elzevir.* 1661.

2098 Compendium Geographicum, studio & opera Abrahami Golnitii. *Amstel. Elzevir.* 1643.

2099 Les Principes Généraux de la Geographie, par le P. de Chales, Jesuite. *Paris*, 1677.

2100 Laudulphus de Columna Breviarium Historiale usque ad annum 1428. *Pictavis*, 1479.

2101 Pauli Orosii Presbyteri Hispani, adversus Paganos Historiarum libri septem, studio Franc. Fabricii Marcodurani. *Coloniæ*, 1574.

2102 Historiæ Micellæ, à Paulo Diacono Collectæ usque ad annum 806. *Basileæ*, 1569.

2103 Chronicon Carionis, auctum à Philippo Melanthone & Casparo Peucero. *Genevæ*, 1576. 2. *vol.*

2106 Respublicæ Elzevirianæ. *Lugduni Bat.* 1630. 41. *vol.*

2107 Historiæ Universalis, tum Sacræ, tum Prophanæ Nucleus, auctore Gabriele Bucelino Benedit. *Augustæ*, 1658. 2. *vol.*

2108 Méthode pour étudier l'Histoire, avec un Catalogue des Principaux Historiens, par M. Lenglet du Fresnoy. *Paris*, 1713. 2. *vol.*

2109 Conférence sur l'Ordre Naturel & sur l'Histoire Universelle, par M. Lelevel. *Paris*, 1699.

2110 Elemens Historiques, ou Méthode courte & facile pour apprendre l'Histoire aux Enfans. *Paris*, 1730. 2. *vol.*

2111 Histoire abregée des Empires & Royaumes du Monde. *A la Fléche*, 1702.

2112 Etat présent de la Cour des Rois de l'Europe, par M. de Sainte Marthe. *Paris*, 1680. 4. *vol.*

2113 L'Esprit des Cours de l'Europe, *La Haye*, 1699. 19. *vol. in-12.*

HISTORIA ECCLESIASTICA.

2114 Sulpicii Severi opera omnia, cum Lectissimis Commentariis accurante Georgio Hornio. *Lugd. Bat.* 1647.

2115 L'Esprit Chronologique de l'Histoire Sacrée & Prophane depuis la Création du Monde jusqu'à présent, où l'on voit de siecle en siécle l'état de l'Eglise dans l'Orient & dans l'Occident. *Paris*, 1673. 2. *vol.*

2116 Histoire de l'Eglise, par M. Ant. Godeau. *Paris*, 1680. 6. *vol.*

2117 Historia Gestorum in Ecclesia memorabilium ab anno 1517. ad annum 1546. auctore M. D. de la Bizardiere. *Paris.* 1707. *mar. r.*

2118 Les Vies, Faits & Gestes des Papes, Empereurs, Rois de France, Conciles & Hérésies, écrites en Latin par Baptiste Platine, & tournées en François. *Paris*, 1551.

2119 Les Vies des Saints, par M. Baillet. *Paris*, 1701. 17. *vol.*

2120 La Vie des Saints pour tous les Jours de l'Année. *Paris*, 1716. 4. *vol.*

2121 Les Vies des Saints Peres des Deserts, & des

Solitaires d'Orient & d'Occident, avec des figures. *Anvers*, 1714. 4. *vol.*

1122 Illustrium Christi Martyrum Lecti Triumphi vetustis Græcorum Monumentis consignati Græcè & Latinè, à Franc. Combefis, Ord. Præd. *Paris.* 1659.

1124 Repetitæ Vindiciæ pro Assumptione Corporali Sanctissimæ Virginis Mariæ, auctore Nic. l'Advocato Billialdo. *Paris.* 1672.

1125 De Veteribus Hæreticis Ecclesiasticorum Codicum corruptoribus, auctore Barth. Germon, Soc. Jesu. *Paris.* 1713.

1126 Joannis Launoii Varia. *Paris.* 1660.

1128 Responsio ad Inquisitionem Jo. Launoii in Privilegia Præmonstratensis Ordinis, per R. P. F. Norbertum Caillieu. *Paris.* 1661.

1129 Jo. Launoii Inquisitio in Chartam fondationis & Privilegiis Vindocinensis Monasterii. *Paris.* 1661.

1130 Dissertatio duplex, auctore Jo. de Launoy. *Parisiis*, 1649.

1131 Jo. Launoii Variæ dissertationes. *Parisiis*, 1662.

1132 Histoire des Chanoines, ou Recherches Historiques & Critiques sur l'Ordre Canonique, par le P. Raymond Chaponnel, de l'Ordre de Saint Augustin. *Paris*, 1699.

1133 Floriacensis Vetus Bibliotheca Benedict. auctore J. à Bosco Cælestino. *Lugd.* 1605.

1134 Histoire de tous les Ordres Militaires, ou de Chevalerie, contenant leurs Institutions, Cérémonies, Pratiques, Vêtemens, &c. par Adrien Schœnebeok. *Amsterd.* 1699. 2. *vol.*

1135 Réponse de M. Varillas à la Critique de M. Burnet sur les deux premiers tomes de l'Histoire des Révolutions, &c. *Paris*, 1687.

HISTORIA GRÆCA ET ROMANA.

2136 Herodoti Halicarnassei Historiæ, Laurentio Valla interprete. *Lugd.* 1542.

2137 Histoire de Thucydide de la Guerre de Peloponese, par M. d'Ablancourt. *Paris*, 1714. 3. *vol.*

2138 Histoire Secrete de Procope de Cesarée. *Paris*, 1669.

2139 Ælianus, cum interpretatione & notis. *Argentorati*, 1685.

2139* Titus Livius. *Lugd. Bat.* 1654. 4. *vol. in-12.*

2140 Titi Livii Historiarum libri qui supersunt cum annotationibus. *Oxonii*, 1708. 6. *vol.*

2141 L. Annæus Florus recensitus & illustratus, à Jo. Georgio Grævio. *Ultrajecti*, 1680.

2142 L. Julius Florus, cum recensione Tanaquilli Fabri. *Salmurii*, 1672.

2143 L. Julius Florus. *Amstelodami, Dan. Elzevir.* 1664.

2144 Florus. *Londini*, 1715.

2145 Caii Vellii Paterculi quæ supersunt, Nicol. Heinsius recensuit. *Amstelodami, ex off. Elzevir.* 1678.

2146 M. Velleius Paterculus. *Londini*. 1713.

2147 Corn. Nepos cum notis variorum. *Lugd. Bat.* 1658.

2148 C. Sallustius. *Lugd. Bat. Elzevir.* 1634.

2149 Histoire Romaine de Salluste, de la Traduction de M. du Teil. *Paris*, 1670.

2150 La même Histoire nouvellement traduite. *Paris*, 1675.

2151 La même, de la Traduction du sieur Desmarets. *Paris*, 1663.

2152 CC. Tacitus, cum notis Grotii. *Lugd. Bat. Elzevir.* 1640. 2. *vol.*

2153 Valentis Acidali & M. Ant. Mureti, Notæ in Caium Cornelium Tacitum. *Hanoviæ*, 1607.

2154 Tacite, avec des Notes Politiques & Historiques de M. Amelot de la Houssaye. *Paris*, 1724. 4. *vol.*

2155 Caii Julii Cæsaris Commentarii. *Lugd. Gryphius*, 1556. *in-8. mar. r.*

2156 Caii Julii Cæsaris Commentarii, ex emendatione Josephi Scaligeri. *Amstel. Elzevir.* 1661.

2157 Caii Julii Cæsaris quæ extant, cum variorum Commentariis & notis Josephi Scaligeri. *Amstel. apud Elzevir.* 1670. *in-8.*

2158 Caii Julii Cæsaris Commentarii. *Londini*, *Tonson*, 1716.

2159 Les Commentaires de Cesar, traduits par M. d'Ablancourt. *Paris*, 1694. 2. *vol.*

2161 Caius Suetonius Tranquillus, cum annotationibus diversorum. *Amstel.* 1646.

2162 Caius Suetonius Tranquillus, Commentarii exhibente Jo. Schildio cum notis variorum. *Lugd. Bat.* 1651.

2163 C. Suetonii opera, cum commentariis Samuelis Pitisci & variorum notis. *Trajecti ad Rhenum*, 1690. 2. *vol. in-8. fig.*

2164 Annales Vellejani, Quintiliani, Statiani, seu Vitæ Vellei Paterculi, Martii Fabii Quintiliani, Papinii Satatii (obiterque Juvenalis) pro temporum ordine, dispositæ ab Henrico Dodwello. *Oxonii*, 1698.

2165 Historiæ Augustæ Scriptores Latini Minores, per Marcum Boxhonzuerium. *Lugd. Bat.* 1632. 4. *vol.*

2166 Justinus, cum emendationibus T. Fabri. *Salmuiii*, 1671.

2168 Eutropius & Aurelius Victor, cum notis Tanaq. Fabri. *Salmurii*, 1672.

2171 Rome Galante, ou Histoire Secrette sous les Regnes de Jules Cesar & d'Auguste. *Paris*, 1695. 2. *vol.*

2172 Ritratto di Roma Antica. *In Roma*, 1633.

2173 Andreæ Fulvii Sabini de Urbis Antiquitatibus. *Romæ*, 1545.

2174 Roma Illustrata, sivè Antiquitatum Romanarum Breviarium, cum Georgii Fabricii Veteris Romæ, cum nova collatione ex recentione Antonii Thysii. *Amstel. Lud. & Dan. Elzevir.* 1657.

2175 De Romana Republica, sive de Militari & Civili Romanorum, auctore Petro Josepho Cantelio Soc. Jesu. *Paris.* 1684.

HISTORIA ITALICA.

2176 Histoire des Guerres d'Italie, par Fr. Guichardin Florentin, & traduite de l'Italien par Jerôme Chomedey, avec des Observations Politiques, Militaires & Morales du sieur de la Noüe. *Geneve*, 1593. *in-8. mar. r.*

2177 Description de la Ville de Rome en faveur des Etrangers, par Fr. de Seine. *Lyon*, 1699. 3. *vol.*

2178 Chronichetta della gloriosa Madonna di S. Luca, scritta dal P. Leandro Alberti. *In Venetia*, 1579.

2179 Le Pitture di Bologna. *In Bologna*, 1732.

2180 Le Revolutioni di Napoli, descritte dal signor Alessandro Giraffi. *In Venetia*, 1648.

2181 Historia del ultime Rivoluzioni della cita e Regno di Napoli da Don Agostino Nicolai. *In Amsterdam*, 1660.

2182 Histoire du Gouvernement de Venise. *Ams-*

terdam, 1714. *les tom.* 2. *&* 3.

2183 Histoire de Savoye, ou Méthode facile pour apprendre l'Histoire de Savoye, avec une Description Historique de cet Etat, par Michel Chiliat. *Paris*, 1697. *mar. r.*

HISTORIA FRANCICA.

2184 Aimonii Monachi, Historiæ Francorum libri quinque. *Parif.* 1567.

2185
- Histoire Générale des Guerres de Piémont, ou les Mémoires de M. de Villars. *Paris*, 1630. 2. *vol. in*-8°.
- Mémoires de l'Etat de la France sous Charles IX. *Meidelbourg*, 1578. 3. *vol. in*-8°.
- Les Mémoires de la Ligue. *Paris*, 1602. 6. *vol. in*-8°.
- Chronologie Novenaire. *Paris*, 1608. 3. *vol. in*-8°.
- Chronologie Septenaire. *Paris*, 1611. *in*-8°.
- Le Mercure François. *Paris*, 1619. 25. *vol. in*-8°.

2186 Histoire des differens Regnes des Rois de France, par M. de Varillas, avec son Histoire des Troubles arrivés dans l'Eglise en matiere de Religion. *Paris*, 1689. 41. *vol.*

2187 Optatus Gallus de Cavendo Schismate. 1640.

2188 Histoire de la Guerre de Flandres, par Strada. *Lyon*, 1676. 5. *vol. manque le premier.*

2189 Les Lettres du Comte d'Estrades. *Amsterdam*, 1718.

2190 Mémoires de M. de Montausier. 1734.

2191 Mémoires des deux dernieres Campagnes de M. de Turenne. 1734.

3192 Histoire de la Province d'Alsace, par le P. la

Guille, Jesuite. *Strasbourg*, 1727. 8. *vol.*

HISTORICA GERMANICA.

2193 Histoire de l'Empire, par le sieur Heyss. *A la Haye*, 1685. 3. *vol.*

2194 Sommario delle Vite de gli Imperatori Romani. *In Bologna.*

2196 Status Particularis, regiminis Ferdinandi II. *Amst.* 1637. *in-16.*

2197 Ludovici Petri Giovanni Germania Princeps, *Halæ*, 1711.

2198 Josias Simler de Helvetiorum Republica, *Paris.* 1577.

2199 Origines & occasus Transylvanorum, seu Transylvaniæ Revolutiones ultimi temporis. *Lugduni*, 1667.

2200 Notitia Ducatus Prussiæ, auctore Jacobo Lydicio. *Witteberga*, 1677.

2201 Henrici Leonardi Schurtzfleischii Historia Ensiferorum Ordinis Theuthonici Livonorum. *Wittemberga*, 1701.

2202 Nouveaux Mémoires sur l'Etat présent de la Grande Russie. *Paris*, 1715. 2. *vol.*

2203 Histoire des Révolutions de Suede depuis 1350. jusques en 1560. par M. l'Abbé de Vertot. *Paris*, 1696. 2. *vol.*

2204 Petri Baptistæ Burgii Mars Sueco-Germanicus, sive rerum à Gustavo Adolpho Succiæ Rege Gestarum Libri III. *Col. Agrip.* 1641.

2205 Hugonis Grotii Annales & Historia de Rebus Belgicis. *Amstel.* 1658. *in-8.*

2206 Histoire de Hollande depuis la Trêve de 1609. jusqu'à notre temps, par M. de la Neuville. *Pa-*

ris, 1702. 4. *tom. en* 2. *vol.*

2207 De Frisiorum Antiquitate & Origine, auctore Suffrido Petro. *Franequeræ*, 1698.

2208 De Scriptoribus Frisiæ, auctore Suffrido Petro. *Franequeræ*, 1699.

HISTORIA HISPANICA.

2209 Francisci Taraphæ liber de Origine ac Rebus gestis Regnum Hispaniæ. *Antuerpiæ*, 1553.

2210 Abregé de l'Histoire d'Espagne jusqu'en 1674. par le sieur du Verdier. *Lyon*, 1674. 3. *vol.*

2212 Los Gigantones en Madrid por de Fuera y prodigioso entretenido Festiva Salida al Santo Cristo del Pardo, por Franc. Santos. *En Madrid*, 1666.

2213 Las Tarascas de Madrid y Tribunal Espantoso passos del Hombré Perdido, y Relation del Espiritu Malo, por Fr. Santos. *En Valencia*, 1694.

2214 Historia de las Guerras Civiles de Granada. *En Paris*, 1660.

2215 Grandezas de Tarragona, por Luys Pons de ycari. *En Lerida*, 1573.

HISTORIA BRITANNICA.

2216 The New State of England. *London*, 1693.

2217 Elenchus Antiquitatum Albionensium, Britannorum, Scotorum, Danorum, per Danielem Langhornium. *Londini*, 1673.

2218 Guilielmi Neubrigensis Angli de Rebus Anglicis sui temporis. *Paris.* 1610.

2219 Mémoires pour servir à l'Histoire de la Grande-Bretagne sous les Regnes de Charles II. & de

Jacques II. traduits de l'Anglois de Gilbert Burnet. *A la Haye*, 1725. 3. *vol.*

2220 Histoire des Incas, Rois du Perou, traduite de l'Espagnol de l'Ynca Garcilasso de la Vega, par J. Baudouin. *Amsterdam*, 1704. 2. *vol.*

2221 Histoire des Guerres Civiles des Espagnols dans les Indes, traduite de l'Espagnol de l'Ynça Garcilasso de la Vega, par J. Baudouin. *Amsterdam*, 1706. 4. *vol.*

HISTORIA LITTERARIA ET BIBLIOTHECARII.

2222 Plutarchi opera varia Gr. Lat. *Paris. Henr. Steph.* 1572. 13. *vol. mar. r.*

2223 Les Vies des Hommes Illustres, & les Morales de Plutarque, traduites par Amyot. *Paris*, *Vascosan*, 1567. 13. *vol. mar. r.*

2224 Les Vies des Hommes Illustres de Plutarque, traduites du Grec en François par M. l'Abbé Tallemant. *Lyon*, 1684. 8. *vol.*

2226 Mémoires pour servir à l'Histoire des Hommes Illustres, par le P. Niceron, Barnabite. *Paris*, 1729. 41. *vol. in*-12.

2227 Joannes de Trittenhem de Scriptoribus Ecclesiasticis. *Paris.* 1512.

2228 Bellarminus de Scriptoribus Ecclesiasticis. *Parisiis*, 1658.

2229 Martyrologium Conventus Carnutensis Fratrum Minorum, per Fratrem Steph. Gaultier. *Paris.* 1655.

2230 La Vie d'Edmon Richer, Docteur de Sorbonne, par Adrien Baillet. *Liege*, 1714.

2231 Petri Alcyoni Medices legatus, sive de Exilio, accessere Jo. Pierius, Valerianus & Cornelius Tollius de infelicitate Litteratorum, ut & Josephus Barberig de Miseria Poëtarum Græcorum. *Lipsiæ*, 1707.

2232 Burcardi Gotthelfi Struvii introductio ad Notitiam Rei Litterariæ & usum Bibliothecarum, accessit dissertatio de Doctis Importoribus. *Jenæ*, 1706.

2233 Burcardi Gotthelfi Struvii Acta Litteraria è Manuscriptis eruta. *Jenæ*, 1706.

2234 Discours sur les Anciens. *Paris*, 1688.

2235 Remarques ou Réflexions Critiques, Morales & Historiques sur les plus belles & les plus agréables Pensées qui se trouvent dans les Ouvrages des Auteurs anciens & modernes. *Paris*, 1690.

2236 Caracteres des Auteurs anciens & modernes, & le Jugement de leurs Ouvrages. *Paris*, 1704.

2237 Parrhasiana, ou Pensées diverses sur des matieres de Critiques, d'Histoire, de Morale & de Politique, avec la Deffense de divers Ouvrages de M. le Clerc, par Theodore Parrhase. *Amsterdam*, 1699.

2238 Mémoires pour l'Histoire des Sciences & des beaux Arts, recueillis par ordre de S. A. S. Monseigneur le Prince Souverain de Dombes depuis le commencement de 1701. jusques à la fin de 1705. *Trevoux*. 18. *vol.*

2239 Republique des Lettres depuis 1684. jusqu'en 1718. *Amsterdam*, 1686. 50. *vol. in*-12.

2240 Histoire Critique de la Republique des Lettres. *Utrecht*, 1712. 15. *vol.*

2241 Bibliotheque Universelle. *Amsterdam*, 1687. 25. *vol. in*-12.

2242 Bibliotheque Choisie. *Amsterdam*, 1703. 28. *vol.*

2243 Bibliotheque ancienne & moderne. *Amsterd.* 1714. 29. *vol. in-12.*

2244 Journal Litteraire. *La Haye*, 1715. 10. *vol. in-12.*

2245 Nouvelles Litteraires. *La Haye*, 1715. 11. *vol. in-12.*

2246 L'Europe ſçavante. *La Haye*, 1718. 6. *vol.*

2247 Bibliotheque Angloiſe, par la Roque. *Amſt.* 1717.

2248 Mémoires Litteraires de la Grande-Bretagne. *La Haye*, 1720. 11. *tom. en* 6. *vol.*

2249 Catalogus Bibliothecæ Thuanæ. *Pariſiis*, 1679.

2250 Bibliotheca Wittiana. *Dordrect.*

2251 Catalogus Librorum qui proſtrant in ædibus ſociorum Aniſſon, Poſuel & Rigaud, tam Pariſiis quam Lugduni ad annum 1702. *Lugduni*, 1702.

2253 Bibliotheca Bulthelliana, ſive Catalogus Librorum Bibliothecæ Caroli Bulteau. *Pariſiis*, 1711. 2. *vol.*

2254 Catalogus Bibliothecæ, Stephani Baluzii. *Pariſiis*, 1719. 3. *tom. en* 2. *vol.*

2255 Bibliotheca Duboiſiana, ou Catalogue de la Bibliotheque du Cardinal Dubois. *La Haye*, 1752. 4. *vol.*

2257 Bibliotheca Colbertina. 1728. 3. *vol.*

2258 Catalogue des Livres de la Bibliotheque de feu M. le Blanc, Secretaire d'Etat. *Paris*, 1729.

2260 Catalogue des Livres de la Bibliotheque de feu M. Ferrari, Avocat. *Paris*, 1730.

SUPPLEMENTUM.

SUPPLEMENTUM.

In-folio.

2261 Novum Testamentum Gr. & Lat. ex editione Desiderii Erasmi. *Basileæ*, 1535.

2262 Divi Hieronymi Epistolæ. *Romæ, in Domo de Maximis*, 1470. 2. *vol.*

2263 La Cité de Dieu de Saint Augustin traduite en François. *Abbeville*, 2. *vol. fol.*

2264 Sancti Isidori Hispalensis opera, per Jacobum du Breuil. *Parisiis*, 1601. *Mar.*

2265 S. Bernardi opera studio & labore Jacobi Horstii. *Parisiis*, 1645. 2. *vol.*

2266 Decalogi explicatio authore Thoma Tamburino. *Venitiis*, 1654.

2267 Opus Concionum Mathiæ Fabri. *Antuerpiæ*, 1650. 3. *vol.*

2268 Missale Parisiense DD. Ludovici Antonii de Noailles. *Parisiis*, 1706.

2269 Machumetis Alcoran, & Confutationes legis Mahumericæ. *Basileæ.*

2270 Bartoli Commentaria in Digestum & Codicem. *Lugduni*, 1552. 5. *vol.*

2271 Nouveau Recueil de plusieurs questions notables sur les Matieres Bénéficiales, par Perard Castel. *Paris*, 1689. 2. *vol.*

2272 Joan. Philip. Datt. de pace Imperii publica. *Ulmæ*, 1698.

2273 Felicis Plateri de Corporis Humani structura. *Basieæ*, 1603. *Fig.*

2274 Danubius Pannonicomysicus cum observationibus Physicis di Com. Marsilii. *Amst.* 1726. 6. *vol. Cart. Imp. Fig.*

2275 Recueil de quelques Bâtimens antiques des Juifs, Egyptiens, Syriens, Persans & Grecs; avec leurs explications. *Leipsic*, 1725.

2276 L'Art de monter à Cheval, par le Baron d'Eisenberg. *La Haye*, 1733. *Fig.*

2277 Histoire Militaire du Prince Eugene, par Mrs. Dumon & Rousset. *La Haye*, 1729. 3. *vol. Gr. Pap. Fig.*

2278 Le Dictionnaire de l'Académie Françoise. *Paris*. 2. *vol. Gr. Pap. Mar.*

2279 Catullus, Tibullus & Propertius. Cum Commentariis Joannis Passeratii. *Parisiis*, 1608.

2280 Carolo Magno Festa Teatrale in occasione della nascita del Delphino, offerta al Re di Francia dal Cardinale Otthoboni, *in Roma*, 1729. *Carta magna con le Fig.*

2281 Athenæi deipnosophistarum Libri quindecim. Cum notis Isaaci Casauboni. *Lugduni*, 1612.

2282 Valere le Grand, translatée de Latin en François, par Jehan le Blond. *Paris*, 1548.

2283 N. Horii opera. *Lugduni.* 1507.

2284 Philippi Labbé Chronologia Historica. *Parisiis*, *E Typographia Regia.* 5. *tom. en* 3. *vol.*

2285 Republicas del mundo divididas en 28. Libros, par Hieronymo Roman. *En Medina.* 1575. 3. *vol.*

2286 Eadmeri Monachi Cantuariensis Historiæ novorum sive sui sæculi Libri VI. *Londini*, 1623.

2287 Chaîne Historique ou l'Histoire Sacrée & Prophane réduites en tables, par Ignace Poindreux. *Paris*, 1672.

2288 Histoire des Guerres faites par l'Empereur

Justinian, contre les Vandales & les Gots, trad. par M. Fumée. *Paris*, 1587.

2289 Histoire Généalogique de la Maison de Harcourt, par Gilles-André de la Roque. *Paris*, 1662. 4. *vol.*

2290 Hadriani Barlandi ducum Brabantiæ chronica. *Antuerpiæ*, 1660. *Fig.*

2291 Francisci Patricii nova, de universis Philosophiæ. *Venetiis*, 1593.

2292 Recueil des Traitez de Paix. *Amst.* 1700. 4. *vol.*

2293 Le Grand Dictionnaire historique de Louis Morery. *Amst.* 1694. 4. *vol.*

2294 Hieronymi Rubei Italicarum & Ravenatum Historiarum Libri XI. *Venetiis*, 1603.

2295 Historia del principe Felix Marte de Ircania. *En Valladolid*, 1556.

2296 Chronica del esforçado principe y Capitan Jorge Castrioto Rey de Albania. *En Lisboa*, 1588.

2297 Hundii Metropolis Salisburgensis Historia. *Ratispona*, 1719.

2298 Athanasii Kircheri arca Noe. *Amst.* 1675. *Fig.*

2299 Ælia Lælia Crispis. *Bononiæ*, 1553.

In-quarto.

2300 Epistole & Evangelii, tradoti in Lingua Toscana dal Padre Remigio. *In Turino*, 1582.

2301 Joh. Nider, Ordinis Prædicatorum, expositio Decalogi.

2302 Origenis Dialogus contra Marcionitas, opera & studio Rodolfi Westenii. *Basileæ*, 1674.

2303 Anastasii Sinaitæ dux viæ, adversus à Cephalos, studio & opera Jacobi Gretzeri. *Ingolstadii*, 1606.

2304 Vindiciæ Decalogicæ Desumptæ, ex Saule, ex Rege Joannis Sinnichii. *Lovanii*, 1674.

2305 Les Œuvres de sainte Therese, de la Traduction de Mr. Arnauld d'Andilly. *Paris*, 1687.

2306 Vies & Portraits de plusieurs Hermites, gravez d'aprés les desseins de Blœmært. 4. *fig.*

2307 Heures de Notre-Dame, à l'usage de Rome. *Paris*, 1586. 4. *fig.*

2308. Lettre de Messieurs des Missions Etrangeres au Pape, sur les Idolâtries & Superstitions Chinoises.

2309 Joannes Launoyus adversus Robertum Bellarminum, opera & studio Antonii Reiseri. *Amst.* 1685.

2310 Ecclesiasticæ Jurisdictionis vindiciæ adversus Caroli Fevreti, & aliorum Tractatus de abusu susceptæ ab Antonio Dadino Alteserra. *Parisiis*, 1707.

2311 Jac. Cujacii commentarii in juris justinianæi libros. *Genevæ*, 1610,

2312 Plaidoyez de Nicolas de Corberon, par Abel de sainte Marthe. *Paris*, 1693.

2313 Plaidoyers & autres Oeuvree d'Olivier Patru. *Paris*, 1670.

2314 Francaleu de Provence. *Aix*, 1732.

1315 Ordonnances, Edits, Déclarations, &c. concernant l'autorité & la Jurisdiction de la Chambre des Comptes de Paris. *Paris*, 1728. 4. *vol.*

2316 Tables Chronologiques des Ordonnances des Roys de France de la troisiéme Race. *Paris*, 1606.

2317 Lucii Apuleii Platonici Opera, cum Interpretatione & Notis Juliani Floridi in usum Delphini. *Parisiis*, 1588. 2. *vol.*

2318 Recueil de divers Ouvrages Philosophiques, Theologiques, &c. par le R. P. Daniel. *Paris*, 1724. 3. *vol.*

2319 Discussioni Istoriche, Theologiche & Filosofiche di Constantino Grimaldi. *In Lucca*, 1725. 3. *vol.*

2320 De la Grandeur & de la Figure de la Terre. *Paris*, de l'*Imprimerie Royalle*. 1720.

2321 Pharmaceutice rationalis sive Diatriba de Medicamentorum, auctore Thom. Willis. *Lond*, 1974.

2322 Della Commare, del Scipion Mercurii. *In Venetia*, 1601.

2323 Il Seminario de Governi di Stato & di Guerra, di Girolamo frachetta *In Genova*, 1648.

2324 Dictionnaire Italien & François, par le S. Veneroni. *Paris*, 1681.

2325 Dictionaire des Langues Françoise & Espagnol de Sobrino. *Bruxelles*, 1705. 2. *Tom.* en 1. *vol.*

2326 Theocriti Moschi & Bionis quæ extant Gr. & Lat. cum notis Casauboni, & D. Heinsii. 1604.

2327 Ovidii quindecim Metamorphoseos libri; cum familiaribus Commentariis. *Lugduni*, 1501.

2328 Phædri Fabulæ. *Parisiis.*

2329 Phædri Fabulæ notis illustravit, in usum S. P. Nassarii D. Hoogstratanus. *Amst.* 1700. *Cart. M. cum fig.*

2330 La Henriade de Mr. De Voltaire. *Londres*, 1728. *Gr. Pap. fig.*

2331 Orphei argonauticon Basileæ 1525.

2332 Joannis Casæ Latina monimenta. *Florentiæ*, *Apud Juntas.* 1567.

2333 Joan. Tritemi Epistolæ familiares. *Haganæ.* 1536.

2334 Jacobi Gaddii ad locutiones & elogia exemplaria, Cabalistica, oratoria & sepulcralia. *Florentiæ*, 1636.

2335 Marquardi Gudii, & Claudii Sarravii Epis-

tolæ curante P. Burmanno. *Ultrajecti*, 1691.
2336. L'Histoire & Plaisante Cronique du Noble & Vaillant Baudoin, Comte de Flandres; lequel epousa le Diable. *Paris*, *Goth.*
2337 Evytorgios Clorilene, Historia moscovica por don Suares de Mendozay. *En Zaragoça*, 1665. *figueroa.*
2338 Relation du voyage de la Reyne de Pologne, par J. le Laboureur. *Paris*, 1647.
2339 Laudulphi de Columna, Breviarium Historiale. *Pictavii*, 1479.
2340 Gabrielis Albaspinæi observationes ecclesiasticæ. *Helmstadii*, 1658.
2341 Histoire des Empereurs, par Mr. De Tillemont. *Paris*. 1690. *Tom.* 1.
2342. Privileges des Papes, Empereurs, Roys & Princes de la Chretienté; en faveur de l'Ordre de St. Jean de Jerusalem. Recueillis par Des Closeaux. *Paris*, 1659.
2343 Traité de la Noblesse & de toutes ses differentes especes, par Mr. De la Roque. *Rouen*, 1734.
2344 Les Interêts presens des puissances de l'Europe, par J. Rousset. *La Haye*, 1733. 2. *vol.*
2345 Eryci Puteani, Historia Cisalpina. *Lovanii*, 1614.
2346 Joan. Chiffletii, aula sacra principum Belgii. *Antuerpiæ*, 1650.
2347 Compendio delle Croniche, della Citta di Como da Francesco Bellarini. *In Como*, 1619.
2348 De Gli annali sacri della Citta di Como, Dal. primo Luigi Tatti. *In Como*, 1663.
2349 Mediolanensium Statuta. *Bergomi*, 1594.
2350 Ordini appertenenti al Governo, dell Hospitale grande, di Milano. *In Milano*, 1642.
2351 Annus & epochæ syro macedonum auctore

Henrico Noris. *Florentiæ*, 1689. *Cart. Mag.*

2352 Burcard. Goth. Struvii de ludis equeſtribus diſſertatio. *Jenæ*, 1689.

2353 De Veteris numiſmatis, potentia & qualitate Lucubratio. *Lipſiæ*, 1701.

2354 Hiſtoria rei nummariæ accedit Bibliotheca nummaria, Adami Rechenbergi. *Amſt.* 1692. 2. *vol.*

2355 P. Seguini Selecta numiſmata antiqua. *Pariſiis*, 1684.

2356 Gemmæ antiquitæ ſculptæ à Petro Stephano Vicentino Collectæ. declarationibus illuſtratæ. *Romæ*, 1627.

2357 Les vrais Portraits des Hommes Illuſtres en Pieté & en Doctrine, trad. du latin de Theodore. de Beze. 1581.

2358 Notizia de Libri rari nella lingua Italiana. *In Venezia.* 1728.

2359 Novitius ſeu magnum Dictionarium Latino Gallicum, auctore Magnes. *Pariſ.* 1721. 2. *vol.*

In-octavo, in-douze, &c.

2360 La Geneſe, l'Exode & le Levitique, les Nombres & Deuteronome; Joſué, les Juges & Ruth; les quatre Livres des Rois, les Paralipomenes & Eſdras; Job, les Proverbes de Salomon, l'Eccleſiaſte, le Cantique des Cantiques, l'Eccleſiaſtique, Iſaïe, les douze petits Prophêtes, avec l'Explication du Sens Litteral, par Iſaac le Maître de Sacy. *Paris*, 1683. 14. *vol. in-8.*

2361 Liber Proverbiorum. *Lugd. Bat. Elzev.* 1653. *mar. r.*

2362 Les Pſeaumes de David, traduction nouvelle ſelon la Vulgate. *Paris*, 1666.

2363 Les Pſeaumes de David traduits en François

selon l'Hebreu, distribuez pour tous les jours de la Semaine, dediez à Madame de Guise. *Paris*, 1697.

2364 Le Sens Propre & Litteral des Pseaumes de David, par le P. l'Allemant. *Paris*, 1715. 2. *vol.*

2365 Abregé de la Morale de l'Evangile. *Paris*, 1679. 3. *vol.*

2366 Le Nouveau Testament de Notre-Seigneur Jesus-Christ. *Trevoux*, 1702. 2. *vol.*

2367 Idées Historiques, Morales & Chronologiques de tous les Livres de l'Ecriture-Sainte. *Paris*, 1737.

2368 Les Lettres de Saint Jean Chrisostome, traduites en François par le P. Bonrecueil de l'Oratoire. *Paris*, 1732. 2. *vol.*

2369 Origenis de Oratione Libellus Gr. Lat. *Oxonii.*

2370 Les Soliloques, le Manuel & les Méditations de Saint Augustin. *Paris*, 1663.

2371 Traitez de Tertulien sur l'Ornement des Femmes, les Spectacles, &c. *Paris*, 1733.

2372 Firmiani Lactantii Epitome Institutionum Divinarum. *Paris.* 1712.

2373 Les Institutions Divines de Lactance traduites en François. *Avignon*, 1710.

2374 Instructions de Saint Charles Borromée aux Confesseurs de sa Ville & de son Diocèse. *Paris*, 1702.

2375 Les Epîtres Spirituelles de Saint François de Sales. *Paris*, 1676. 2. *vol.*

2376 Missale Romanum. *Paris.* 1692.

2376 Le Diurnal Parisien, le Graduel, le Processional, Offices des Fêtes Annuelles, Offices des Fêtes de la Vierge & la Semaine Sainte, par Gab. Deslondes, le tout gravé & noté. *Paris.* 8. *vol. in-8.*

2377

2377 Breviarium Ecclesiæ Metropolitanæ Remensis. *Paris.* 1684. 2. *vol. in-8.*

2378 Les Offices de la Toussaints, des Morts, &c. *Paris*, 1726.

2379 Joannis Garchii de vera præsentia Corporis Christi in Sacramento Eucharistiæ. *Paris.* 1562.

2380 Dissertatio Theologica de Conversione Peccatoris, auctore J. Opstraet. *Lovanii*, 1727.

2381 Explication des Caracteres que Saint Paul donne à la Charité. *Amst.* 1727.

2382 Deffense de la Grace Efficace par elle-même, par P. de la Broue. *Paris*, 1721. *mar. r.*

2383 Retraite Ecclesiastique. *Paris*, 1708. 2. *vol.*

2384 Entretiens Spirituels en forme de Prieres pour servir de préparation à la Mort. *Paris*, 1730.

2385 La véritable grandeur d'Ame. *Paris*, 1732.

2386 Traitez de Pieté, de M. Hamon. *Paris*, 1689.

2387 Testament Spirituel, par le P. l'Allemant. *Paris*, 1687.

2388 La Mort des Justes, du même. *Paris*, 1722.

2389 Direction pour se former au saint Exercice de l'Oraison, à l'usage des Religieuses Chartreuses. *A la Correrie*, 1695.

2390 Entretiens avec Jesus-Christ dans le Très-Saint Sacrement de l'Autel. *Paris*, 1733.

2391 Mannel del Christiano, por el Antonio de Torres. *En Zaragoça*, 1603.

2392 Apologie pour la Morale des Reformez, pour Réponse au Livre de M. Arnaud Quevilly. 1675.

2393 Instruction pour les petites Ecoles du Diocèse de Mirepoix. *Toulouse*, 1699.

2394 Stephani Baluzii Miscellanea. *Paris.* 1678. 7. *vol. in-8.*

2395 Petri de Marca Dissertationes Posthumæ. *Amstelodami*, 1669.

2396 Amadæi Guimenii opusculum. *Col. Agrip.* 1665.

2397 Philosophia vetus ac nova, auctore Petro Barbay. *Parisiis*, 1680. 5. *vol.*

2398 L'Art de se connoître Soi-même, ou la Recherche des Sources de la Morale, par Abbadie. *Rotterdam*, 1710.

2399 Les Hommes. *Paris*, 1727.

2400 Les Oeuvres de Machiavel traduites en François. *Paris*, 1674.

2401 Les Avantures de Telemaque. *Bruxelles*, 1700. 2. *vol.*

2402 Joh. Ottonis Helbigii Thuringi introitus in veram atque inauditam Physicam. *Hamburgi*, 1680.

2403 Tractatus Philologicus de Sortitione veterum Hebræorum, auctore Walbaco Marchico. *Basileæ*, 1692.

2404 Desiderii Erasmi de Conscribendis Epistolis. *Amst.* 1629.

2405 Desiderii Erasmi Colloquia. *Lugd. Bat. Elzevir.* 1643.

2406 Philologicæ Epistolæ diversorum Doctissimorum Virorum, à Melchiore Goldasto editæ. *Ffurti*, 1610.

2407 Conradi Schurzfleischii Epistolæ. *Halæ Magd.* 1711. 2. *vol.*

2408 Eryci Puteani Epistolæ Atticæ. *Coloniæ*, *Elzevir.* 1618,

2409 L. Apuleii Metamorphoseos Libri XI. cum notis Joannis Pricæi. *Goudæ*, 1650.

2410 Introduction au Traité de la Conformité des Merveilles anciennes avec les modernes, ou Traité Préparatif à l'Apologie pour Herodote. *Anvers*, 1567.

2411 Prosperitas Germaniæ in qua de Vini, Frumenti & Ligni concentratione usu agitur, à J. Rudolpho Glaubero. *Amst.* 1656.

2412 Parrhasiana. *Amst.* 1699.

FIN.

www.ingramcontent.com/pod-product-compliance
Ingram Content Group UK Ltd.
Pitfield, Milton Keynes, MK11 3LW, UK
UKHW021050230726
13926UKWH00004B/1766

9 782014 109733